GELÄHMT
SIND WIR NUR IM KOPF

Markus Holubek

GELÄHMT
SIND WIR NUR IM KOPF

Von einem, der sich weigerte,
im Rollstuhl zu sitzen und heute
andere auf die Beine bringt

südwest°

Inhalt

Vorwort

Wenn Sie Angst vor Muskelkater haben, dann finden Sie den Kassenbon für dieses Buch und tauschen es um. Es gibt ja noch Alternativen für Ihr Geld: ein paar leckere Sixpacks Bier oder die neueste DVD aus der Videothek – alles bestens zum Abhängen vor dem Fernseher.

Dies ist ein Buch für Lebende, für das Leben. Das garantiere ich Ihnen bei Ihrem Kassenbon! Keine Sprüche aus den Top 3 der Plattitüden wie ... „Lebe Dein Leben", „Nichts im Leben ist umsonst" oder „Das Leben ist kein Ponyhof". Nein. Hier ist nicht der Weg das Ziel. Dieses Buch wird vielen helfen, wieder auf die Beine zu kommen. Vorausgesetzt, sie gehen den Weg auch zu Ende. Und je weiter Sie auf diesem Weg kommen, desto sicherer können Sie sein, Ihr Ziel auch zu erreichen.

Wer nach Unfall, nach Krankheit ganz unten angekommen ist, dem ist vieles, was vorher wichtig war, egal. Der muss schmerzhaft realisieren: Das mit Abstand wertvollste Gut ist unsere Gesundheit! Nur leider ist die jetzt weg und damit auch das Selbstbewusstsein. Vom Alphatier zum Jammerlappen, von Miss World zu Miss Jämmerlich ... „Hilfe! Mein Körper ist kaputt. Ich bin 'ne arme Sau." Jetzt scheint der Mensch da angekommen zu sein, wo er nie hinwollte: im Albtraum Krankheit.

Meine Krankheit war und ist „Querschnittlähmung inkomplett". Ich werde Ihnen später in jeder Einzelheit beschreiben, was das für mich bedeutet, wie ich in diese Situation reingekommen und wie ich so gut wieder rausgekommen bin. Eines schon vorab hier: Stellen Sie sich vor, Sie werden von Hundert auf Null runtergebremst, und Ihre Festplatte muss komplett neu installiert werden.

Ich habe während der ersten vier Jahre meiner Rehabilitation viele kranke Menschen kennengelernt. Manchen ging es besser, manchen ging es schlechter als mir. Warum es aber manchen, denen es damals besser ging als mir, heute schlechter geht, das kann ich nicht verstehen. Mir ist völlig unverständlich, dass sie nicht auf ihre Ärzte gehört und ihre Krankheit ernst genommen haben. Ich denke da an Claus P., den ich in der Reha-Klinik miterlebt habe: Marken-Hemd, immer frisches After-Shave, Firmenlimousine. Ein attraktiver, angegrauter Fünfziger: Er liebt sein Flaschenbier, raucht heimlich aus dem Fenster, ein lockerer Typ, duzt die Pfleger, siezt den Chefarzt. Er kam mit kaputter Hüfte, wurde nach zwei Wochen entlassen. Endlich raus aus der Reha! Dann hat er so weitergemacht wie vor seiner Krankheit. „Arbeit geht vor. Aber wenn ich Zeit habe, melde ich mich im Fitnessstudio an.“ Das hat dann der Arzt für ihn erledigen müssen. Denn ein halbes Jahr später war seine Bandscheibe dran. Dann wurde es richtig schwer für den Mann. Claus P. ist Handelsvertreter im Außendienst. Doch mit kaputtem Rücken ist an Autofahren nicht mehr zu denken. Hoffentlich hat er wenigstens eine Berufsunfähigkeitsversicherung abgeschlossen, die auch bereitwillig zahlt.

Wer krank ist, hat nur einen Auftrag: Gesund werden! Gesundheit ist das wertvollste Gut. Wenn Hochleistungssportler am Tag X versagen, kommen oft Entschuldigungen. Zu behaupten, der Gegner war stärker, wäre noch die plausibelste Erklärung. Aber Dingen wie dem Wetter oder der Form die Schuld zu geben, ist dreist. Der Gegner hatte dasselbe Wetter, jedoch die bessere Form. Denn er hat besser trainiert, mehr auf sich aufgepasst, ist gesund geblieben. Nur so schaffen Spitzensportler Spitzenleistungen. Und so muss auch jeder mit Krankheit umgehen. Werden Sie Ihr eigener Spezialist, wenn es um Ihren Geist und Ihren Körper geht. Ärzte, Physio- und Psychotherapeuten können nur Ihre Trainer sein. Erwarten Sie nicht, dass Ihnen die Arbeit abgenommen wird. Heilen können Sie sich selbst am besten und eigentlich auch alleine. Dieses Buch wird Ihnen dabei helfen.

Ihr Markus Holubek

1. Kapitel: Hilfe! Ich bin krank.

Jeder war es schon mal, jeder wird es bestimmt wieder sein: krank. Der eine ist es plötzlich, der andere chronisch. Ein Dritter denkt sein ganzes Leben lang, er sei krank. Dieser Fall ist am schwersten zu behandeln. Ich bin bis heute an all denjenigen Hilfesuchenden gescheitert, die nicht so gestrickt waren wie ich, für die Krankheit nur ein Alibi ist.

Mein Muster ist kurz umschrieben: Nach außen hin bin ich eine Nervensäge, ein Besserwisser, strotze vor Selbstbewusstsein. Ich hasse Regeln, Gewöhnlichkeit und Kritik. Ich falle auf und das gerne auch bewusst. Meine Worte sind wohlüberlegt, zum Teil schockierend ehrlich, manchmal verletzend direkt. Dabei bin ich in meiner Seele ein Gutmensch, will immer helfen, will lieben und geliebt werden. Manchmal gehe ich dabei zu weit und vergesse mich selbst vor lauter Nächstenliebe. Denn für die Liebe würde ich alles tun. So ist also mein Muster immer von der Nadel abhängig, die es gerade strickt. Jetzt stellen Sie sich mal vor, wie das aussieht, wenn ich so vor Ihnen stehe. Wer hineinblicken könnte, der würde den Pulli vor lauter Mustern nicht erkennen, so wandlungsfähig bin ich. Und das gefällt mir.

Nur – wer mich dann fragt, wie ich mein Selbstwertgefühl beschreiben würde, dem müsste ich die Antwort schuldig bleiben. Kann ein Mensch überhaupt einen Wert haben in diesem Universum? Wer in Andromeda-Galaxie M 31 würde mir auch nur eine Alien-Träne nachweinen? Sehr wahrscheinlich wissen die da ja gar nicht, dass es uns auf der Erde gibt, wenn sie unser Licht nach 2,5 Millionen Lichtjahren erreicht.

Wenn also das Selbstwertgefühl gegen Null geht, dann hat das den Vorteil, dass sich auch das Selbstmitleid in Grenzen hält. Ich habe ja nichts zu verlieren ... bis auf mein Leben und meine Gesundheit. Dieser fatale Gedanke kann einen auch wiederauferstehen lassen.

Hätte es Ritalin früher schon auf Krankenschein gegeben, sie hätten mir das Mittel für hyperaktive Kinder wahrscheinlich schon in der Grundschule verschrieben. ADHS (Aufmerksamkeitsdefizit/Hyperaktivitätssyndrom) hätte die Diagnose gelautet. Dabei ist ADS gar keine richtige Krankheit. Aufmerksamkeit gehört bei mir und Millionen anderen Menschen zum Grundbedürfnis der Persönlichkeit. Aufmerksamkeit ist gleichzeitig auch eine meiner größten Fähigkeiten. Ich bemerke etwas, das mich betrifft. Ich denke um oder neu. Ich ändere etwas. So ist das, wenn ich krank bin. Aufmerksamkeit selbst darf niemals eine Krankheit sein. Ein Aufmerksamkeitsdefizit macht nur die Pharmakonzerne reich, der Mensch bleibt dabei arm.

Damals in den frühen siebziger Jahren, zu meiner Zeit in der katholischen Grundschule Bonn-Röttgen, da waren die Klassen kleiner als heute. Da war Klein-Holubek leichter zu integrieren, der freche, fröhliche Streber, der sich immer fingerschnipsend meldete, wenn er etwas wusste oder glaubte, etwas zu wissen. Und das war oft der Fall, eigentlich ständig.

Infolge der Versetzung meines Vaters in den Dschungel Afrikas war ich vorher zwei Jahre lang von meiner Mutter zu Hause unterrichtet worden. In Bangui in der Zentralafrikanischen Republik gibt es keine deutschen Schulen.

Als ich 1972 als Siebenjähriger in die vierte Klasse wiedereingegliedert wurde, stand ich in jedem Fach bei Note Eins bis auf Sport, und das wahrscheinlich nur, weil ich immer als Letzter in die Völkerballmannschaft gewählt wurde. Zwei Jahre Privatunterricht, drei Stunden konzentriertes Lernen am Tag – damals war ich definitiv überqualifiziert für die Grundschule. Dementsprechend hart war mein Stand. Ich kam oft mit blauen Flecken nach Hause oder komplett durchnässten Sachen, zerrissenen Heften. Trotzdem stand ich nie weinend in der Tür, aber sinnbildlich ausgedrückt … den Mittelfinger stets gestreckt.

Ich habe das „Überleben-wollen-Gen". Das ist bei mir angeboren. Vielleicht haben es ein paar Prozent aller anderen Menschen auch, etwa diejenigen, denen man Ritalin verschreibt. Ständig arbeitet das Gehirn, sucht Wege und Antworten, um etwas zu verbessern. Ich versuche immer, das meiste herauszuholen, das Optimum zu erreichen. Es geht immer noch etwas. Und wenn das Schicksal zugeschlagen hat, dann fange ich eben wieder von vorne an.

So schnell kann's gehen

Meine schwerste Zeit, das waren eigentlich die bewegten Jahre und Monate vor dem Unfall. Die einen nennen es „Midlife-Crisis", die anderen „die Suche nach dem Glück". Als ich querschnittgelähmt im Schnee lag, hat mich die Ruhe nach dem stürmischen Leben selbst überrascht.

Ein Skiunfall bei Kaiserwetter am schönen Arlberg in Österreich … Ich erinnere mich an die fantastischen Helfer um mich herum. Sie sprachen wenig, wussten aber genau, was zu tun war. Irgendwie fühlte ich mich wie von allen anderen Sorgen befreit. Nichts, abgesehen vom Tod, relativiert Probleme mehr, als gelähmt zu sein.

Ich war während eines Amateur-Skirennens bei rasender Geschwindigkeit gestürzt, noch dazu selbst verschuldet. Mein übersteigertes Ego ließ mich damals noch denken: „Wenigstens bin ich nicht alleine der Idiot." Ein lokaler Skilehrer scheiterte am selben Sprung. Er flog im ersten Hubschrauber ins Tal: Verdacht auf Schädelbasisbruch. Was aus ihm geworden ist, weiß ich nicht. Ich war bis heute zu sehr mit mir selbst beschäftigt.

13. Januar 2007

Überall wenig Schnee. Noch dazu hat es vor zwei Tagen bis auf 2.000 Metern Höhe geregnet. In der Nacht kehrte der Frost zurück, ließ die Pisten steinhart gefrieren. Neben der Strecke, in den Sturzräumen, glänzt blankes Eis.

9.00 Uhr, Samstag Vormittag: 700 Läufer starten beim längsten Skirennen der Welt, dem „Weißen Ring". 35 Gruppen à 20 Fahrer stürzen sich in Minutenabständen in die Abfahrt, besser gesagt: in den Anstieg. Die ersten 50 Meter geht es nämlich bergauf. Das Feld soll sich auseinanderziehen. 20 Fahrer gleichzeitig passen nicht durchs erste Nadelöhr. Die Strecke ist 22 km lang, sechs Liftfahrten mit inbegriffen. Ich bin um 9.10 Uhr dran. Der Skilehrer aus meiner Gruppe lag im Vorjahr schon ganz weit vorne, ist auch diesmal der Schnellste in unserer Gruppe. Ich war 2006 abgeschlagen im vorderen Drittel gelandet. Am berüchtigten Madloch-Steilhang hatte ich durch einen Schlag einen Ski verloren, später sogar noch ein Tor verpasst. Das will ich dieses Mal besser machen, am besten noch aufs Podium meiner Altersklasse fahren. Verbissen fahre ich der Linie des Skilehrers hinterher. Der ist auch 2007 wieder der Schnellste. Ich verliere zwar Meter um Meter hinter ihm, liege aber immer noch vor allen anderen meiner Start-gruppe.

9.20 Uhr, Hexenboden-Abfahrt: ziemlich steil, rote Piste … Ich fahre Schuss bis zu einer 90-Grad-Kurve. Dann folgen die Traverse Richtung Tritt-Alpe und der Sprung. Vor mir fliegt der schnelle Österreicher aus meinem Blickfeld – wie ich dachte, ins Tal. Ich wähle die gleiche Linie wie er, halte mich weit rechts, eng am Tor der Streckenbegrenzung. Da ist der Schnee noch schnell. Denn der Rest der Piste ist von den 140 zuvor gestarteten Fahrern stark abgefahren, dadurch zu weich und zu langsam geworden.

Ein blinder Sprung fern der Ideallinie … Ich bin für diese Stelle der Piste viel zu schnell unterwegs, realisiere, dass das diesmal neben der Strecke enden wird, im Eis. Aus Angst mache ich genau das Falsche: Ich öffne meine Rennhocke. Der starke Fahrtwind lässt meine Skispitzen nach oben schlagen. Dadurch bekomme ich Rückenlage und bremse von geschätzten 100 runter auf 30 km/h.

Aus sechs Metern Höhe schlage ich ins Eis ein, mit dem Po und meiner rechten Hand, die ich ausgestreckt haben muss, um den Sturz abzufangen. Genau weiß ich das nicht mehr, denn an den eigentlichen Einschlag kann ich mich nicht mehr erinnern. Diese Erinnerung hat mir der Schock freundlicherweise ausgelöscht. Helfer haben mir später berichtet, dass ich mich nach dem ersten Touchdown noch zwei Mal in der Luft gedreht hätte, wie ein Propeller, den es nach dem ersten Aufschlag wieder in die Luft schleudert.

Ehrliche Schadensanalyse

Als ich weit entfernt von der Einschlagstelle zum Liegen komme, da beginnt meine neue Zeitrechnung. Mir ist sofort klar, dass ich von unterhalb der Brust an gelähmt bin. So fühlt sich Querschnittlähmung also an. Ich schreie: „Scheiße, Scheiße, Scheiße!" Verzeiht mir diese Worte. Der Schmerz ist abartig, als ob ein Harakiri-Dolch im Rücken kreist. Ich will weinen, aber ich kann nicht. Dafür ist mein Verstand zu klar, zu gestresst, das genaue Gegenteil eines Albtraums. Wäre ich mit dem Kopf zuerst aufgeschlagen, dann wäre ich jetzt tot. Aber ich lebe noch. Für mich geht es jetzt nur um Schadensanalyse.

Mit der linken Hand taste ich meine Beine ab. Die Rechte ist zwei Zentimeter nach oben und drei Zentimeter nach hinten verschoben, das Handgelenk total zerstört.Trotzdem spüre ich keinen Schmerz im Arm. Der im Rücken überlagert alles. Mir ist auch bewusst, dass meine Hand im Moment mein kleineres Problem ist. Denn wenn ich mit meiner gesunden Linken auf meinen Unterleib, meine Beine drücke, spürt das nur die Hand. Ich kann unterhalb des Bauchnabels nichts mehr bewegen. Es ist ein unglaubliches Gefühl, vollkommen irreal, als wäre die Hälfte von mir abgeschnitten. Das was ich hier beschreibe, spielt sich innerhalb weniger Sekunden ab.

Es ist glasklar: Ja! Ich bin querschnittgelähmt.

Nein! Angst habe ich keine mehr.

Aber Hoffnung ist da, weil mein rechter Oberschenkel doch noch ganz leicht sensibel auf Berührung reagiert. Ich weiß also, dass nicht alle Nerven im Rückenmark durchtrennt sein können. Im CT wird später festgestellt, dass durch den Aufprall der erste Lendenwirbel direkt unterhalb der Rippenbögen auseinandergeplatzt ist. Dabei ist ein Stück Wirbelknochen in den Rückenmarkskanal eingedrungen. Dadurch wurden 95 Prozent der Nerven abgequetscht oder durchtrennt. Lediglich fünf Prozent meiner Nerven waren also unverletzt geblieben.

Nach nur wenigen Sekunden beugt sich ein Streckenposten zu mir herunter. Er fragt nicht, wie es mir geht. An meinem verdrehten Körper im Schnee muss er es gesehen haben. „Där Arzt kunnt scho!" – Der Arzt ist unterwegs. Wie dankbar ich ihm für diese Worte in Vorarlberger Dialekt war! Und dafür, dass er mich nicht angefasst hat. Ich habe das Gefühl, dass jedes einzelne Stress-Molekül wild in meinem Kopf pocht. Die Hormone halten mich wach und passen auf, dass niemand mich bewegen kann. Bei nur fünf Prozent nicht betroffenen Nerven war das im Nachhinein bestimmt der richtige Impuls. „Bitte, lieber Gott, lass nicht noch mehr kaputtgehen." Ja! Alles andere als Fatalismus bestimmte mein Denken. Nein! Mein Leben lief nicht vor meinen Augen ab. Mein Fehler schon: Was war ich doch für ein Riesenarschloch, ein Vollidiot. Wie konnte ich nur so Gas geben, bei vollem Risiko, als Amateursportler, als Selbstständiger, als Familienvater?

In der Ferne gleiten immer noch Fahrer meiner Startgruppe ins Tal. Zu mir gleitet der Pistenarzt. Er erfährt im Heraneilen von den Streckenposten, was mir passiert ist. Dann kniet er schon neben mir. Während er den Rucksack ablegt, fragt er mich, wo es mir wehtut. Dann legt er in meinen linken Arm einen Zugang, spritzt darüber Schmerzmittel in meine Vene. „Bitte, bitte nicht bewegen!" Aber hier weiß jeder, was zu tun ist … bis auf mich.

Bald darauf höre ich den Hubschrauber. Er landet, aber der Schnee wirbelt weit entfernt von mir auf, hinter einer Kuppe. „Warum kommt der nicht zu mir?“ Erst jetzt erfahre ich, dass der Skilehrer vor mir ebenfalls gestürzt ist. „Ah, auch!“ Irgendwie beruhigt mich der Gedanke, dass es ein Profi aus den Bergen ist. Es wirkt wie Schmerzmittel fürs schlechte Gewissen, so als ob sich die Niederlage auf zwei verschiedene Schultern verteilen würde. Halb so schlimm quasi. Der Skilehrer lag im Rennen schon vor mir. Jetzt fliegt er als Erster ins Tal. Zurück bleibt der dumme Deutsche, heute auf Platz zwei der Bergrettung.

Dann endlich höre ich meine Gelben Engel vom ÖAMTC heranfliegen, nach unendlichen 20 Minuten, es hätten auch nur zehn gewesen sein können. Wer weiß das schon mit Opiaten in der Birne. Die Spritze des Streckenarztes steckt noch im linken Arm. Es tut trotzdem immer noch höllisch weh. Sie brauchen mich wach für den Rücktransport. Wäre nur mein Bein zerquetscht, der Arzt hätte mich schon lange weggeschossen. Und da war sie dann doch bei mir angekommen, die nackte Angst: „Bitte nur nicht falsch bewegen!“ Nach einem kurzen Gespräch mit der Heli-Mannschaft ist klar, ohne zusätzliche Schmerzen würde ich es nicht in den Heli schaffen. „Du muscht jetzt alles aaspanna, wo du hoscht!“ Nur, wie spannt man das an, was man nicht mehr hat? Der Arzt zieht meine Beine lang, denn ich liege, den Körper angewinkelt, auf meiner linken Seite. Mein linker Ellenbogen ist aufgestützt. Mit der gesunden Hand umfasse ich den rechten Unterarm. Die Hand am vollkommen zerquetschten Radius, meinem Speichen-Knochen, hängt schlaff in der Luft. Doch aus dem schwer verletzten Arm kommt immer noch kein Schmerz. „Bitte, bitte! Wenn bloß nicht noch mehr zerbricht.“ Verdammt, ich habe solche Angst, dann komplett gelähmt zu sein. Dabei war ich es streng genommen in diesem Moment bereits.

Zwölf Hände und Arme umfließen meinen Körper. „Auf drei", befiehlt der Arzt. *Fuck!* Tief einatmen. Dann schreie ich alles raus, was die Kehle hergibt. Nach knapp zwei Sekunden lässt der Schmerz wieder nach. Geschafft! Ich liege seitlich in einer Vakuum-Matratze. Und gleich im Helikopter… denke ich mir. Jetzt pocht der Rücken nur noch so schlimm wie vorher schon. Aber erst muss die Vakuum-Matratze mit mir noch zum Heli getragen werden. Der Rotor dreht weiter. Schneegestöber. Da müssen wir durch. Und wieder: „Auf drei", ich hasse dieses Anzählen. Da ist er wieder, der Höllenschmerz. Schreien kann ich nicht mehr. Meine Bergung ist gut verlaufen. Über sonnige Berggipfel fliegen wir ins Krankenhaus. „Was für ein schöner Tag!", denke ich ernsthaft. Lebenslänglich gelähmt? Schauen wir mal.

Gegen 10.30 Uhr landet der Heli auf dem Dach des Landeskrankenhauses Feldkirch. Sie schieben mich seitlich auf ein Rollbett, dann weiter durch automatische Glastüren in den Vorraum der Notaufnahme. Ich bin kaum drin, da startet der Hubschrauber zum nächsten Einsatz. „Gleich kommt der Oberarzt", sagt mir eine Krankenschwester. Dr. Helmut Philipp trägt noch seinen dunklen Anzug. Er hatte freigehabt, die heilige Messe in seiner Gemeinde gefeiert, als ihn der Pager in die Klinik zurückbeorderte. Ich weiß nicht, ob ich an diesem Samstag die besten Ärzte in Vorarlberg bekommen habe, nur weil ich der „RTL-Mann" war. Aber wären sie nicht da gewesen, dann wäre dieses Buch wahrscheinlich nicht entstanden. Dr. Helmut Philipp auf die Frage, ob ich ein Rollstuhlfahrer werden würde: „Herr Holubek, … ich komme gerade aus der Kirche. Jetzt warten wir erst mal ab, wie die OP verläuft, und dann sehen wir weiter. Ich kann Ihnen im Moment erst mal keine Hoffnung machen. Sie sind sehr, sehr schwer verletzt." Ich denke mir wieder: „Ach, du Scheiße! Aber danke für die Offenheit."

Wo ist eigentlich die Anästhesistin? Ich weiß, dass mein Zahnarzt mir immer besonders viel Betäubungsmittel spritzen muss. Das sollte sie wissen, denke ich. Gedanken eines Mannes mit gebrochenem Rücken und Alarm im Gehirn. Nach der Klärung aller Fragen zur Vollnarkose nerve ich weiter. „Ich habe meine Handys im Auto liegen lassen." Im Rennanzug war kein Platz für meine Nokias, das eine mit Schweizer, das andere mit deutscher Nummer. „Wo kann ich hier telefonieren?" Eine OP-Schwester gibt mir ihr privates Telefon. Ich bin von so vielen Engeln umgeben, mehr als ich eigentlich verdient habe.

11.00 Uhr. Als Erstes rufe ich in Bonn an, bei der Mutter meiner zwei Töchter. „Heike, Scheiße, ich bin beim Rennen schwer gestürzt." „Wie schwer?", will sie natürlich wissen. Pause … „Ich bin gelähmt." Heike stöhnt leise. „Oh, Gott! Ich schau' gleich, wann ein Zug geht." Sie ist am Boden zerstört, lässt sich aber nichts anmerken. Monate später hat mir Heike die Situation aus ihrer Sicht beschrieben. Sie habe nur noch geweint, auch im Zug nach Feldkirch.

Dann rufe ich meine Ex an. Auch hier sind noch Gefühle vorhanden, vor allem in größter Not. Aber Dominique ist nicht da. Ich spreche ihr auf den Anrufbeantworter. Frauen, so hofft man, helfen mehr in den schlimmsten Stunden. Meinen geliebten Vater rufe ich nicht an. Er ist selbst krank, hat chronische Myeloische Leukämie. Er wird nach außen am meisten unter meiner Verletzung leiden. Verwandte trifft es oft am härtesten. Wie hart es meinen Vater traf, lässt sich an dieser Stelle kaum mit Worten beschreiben. Es wird ihm heute noch sehr schwerfallen, allein nur diese Zeilen lesen zu müssen.

Sie rollen mich zum Computer-Tomografen (CT). In der CT-Röhre wollen sie sehen, wie schlimm es um mich steht. Wieder „auf drei", versteht sich. Dann wirken langsam die Beruhigungsmittel, die ich vor dem Eingriff bekommen habe. Erinnerungslücken. Es wird schwarz um mich …

Nach sieben Stunden OP komme ich zu mir, mit Windeln um die Hüften und Titan im Rücken, im rechten Handgelenk. Die Operateure haben Spongiosa-Knochen aus dem Beckenoberkamm entnommen, mir damit einen neuen Lendenwirbel und ein neues Handgelenk gebaut. Und! Ich kann meinen rechten Fuß wieder bewegen, mein linker kann zucken. Immerhin! Außerdem sitzt Heike am Bett und hat mein Leben übernommen. Zudem ist meine Schwester aus Bonn auf dem Weg ins LKH Feldkirch. Und Dominique, die Ex, hat sich auch gemeldet. Mir geht es hier im Bett so weit ganz gut. Bis hierhin ging es nur ums nackte Überleben. Zumindest das war jetzt mal gesichert.

Als Paraplegiker (Querschnittgelähmter) war ich vorerst auf meine geringsten Nenner reduziert. Ich war inkomplett, inkontinent, impotent. Alle paar Stunden wurde ich im Bett umgelagert. Das tun sie gegen den drohenden Dekubitus, das lebensbedrohliche Absterben von Gewebe. Jedem Menschen jucken im Liegen nach fünf Minuten Bewegungslosigkeit die Fersen. Er muss sie bewegen. Das Jucken ist ein Warnsignal des Körpers, weil die Fersen durch den Liegedruck schlechter durchblutet werden. Bei mir ist auch heute noch an Jucken nicht zu denken. Ich spüre ab Gürtelhöhe abwärts dorsal, an meiner Rückseite, gar nichts … keine Hitze, keine Kälte, keine Berührung, keinen Schmerz. Druckstellen spüre ich also auch nicht. Und wenn die zu lange unbemerkt bleiben, kann Gewebe absterben, weil es nicht mehr versorgt wird. Fault das wunde Fleisch erst bis auf den Knochen durch, ist es zu spät. Es gibt Fälle, in denen sie Fleisch vom Oberschenkel ans Gesäß transplantieren mussten, weil sich der Kollege auf seinem Schlüsselbund in der Hosentasche unbemerkt ein Loch bis zum Beckenknochen gestoßen hatte. Der Schauspieler Christopher Reeve starb 2004 an Dekubitus. Seine Wunde heilte nicht, bis die schwere Infektion sein Herz vergiftet hatte. Es blieb einfach stehen. Der Superman-Darsteller war nach einem Sturz vom Pferd 1995 vom Hals abwärts gelähmt gewesen.

Die Nächte nach dem Unfall sind fürchterlich. Aus der Vollnarkose bin ich um 22.00 Uhr aufgewacht. Die erste Nacht liege ich hellwach im Bett. Schock und Bilder laufen immer wieder vor meinen Augen ab. Ich bin wütend auf mich selbst, auf der anderen Seite aber auch froh, dass das ständige Überholen auf der Piste und im Leben jetzt vorüber ist. Ich bin inkomplett querschnittgelähmt, noch dazu 100 Prozent selbstverschuldet. Ich, Vater zweier junger Kinder, Freiberufler … vor dem Unfall war der Mann ein selbsterklärtes Ski-Ass, nach dem Unfall nur noch der Vollidiot aus Zimmer 2/11.

Jetzt liege ich hellwach im Bett und ändere mein Leben, nicht weil ich das will, sondern weil ich muss. Auch in den folgenden Wochen habe ich nie mehr als eine halbe Stunde am Stück geschlafen. Das zeigt, wie nah wir im Verhalten den Tieren noch sind. Wenn ein Tier so schwer verletzt daliegt, wartet es nicht auf den Tod, im Gegenteil – es bleibt hellwach und wartet auf den Feind, der es fressen will. Voll von Stresshormonen habe auch ich gewartet, auf den Morgen, den nächsten Tag. Jetzt hatte ich die Zeit, die ich mir vorher nie gegönnt hatte. Zeit, um über mich und mein Leben nachzudenken. Sorgen hatte ich komischerweise weniger als erwartet, als wäre ich froh, die anderen los zu sein. Da waren einige Probleme, die mir auch heute im Vergleich zur Lähmung so läppisch erscheinen, dass es mir peinlich ist, sie hier aufzuführen: Liebeskummer, ein Jahr nach der Trennung von Dominique … vergessen, … finanzielle Sorgen … nebensächlich. Das Handy ist endlich mal aus, der Leistungsdruck … weg. All diese Kinkerlitzchen hat der Unfall von mir abgeschüttelt. Im Nachhinein betrachtet hatte ich natürlich immer schon dasselbe Leben gelebt. Ich war aber nie zufrieden mit dem, was ich hatte. Immer auf der Suche nach dem Glück, führte ich ein

Leben nah am Abgrund, nah an Gefahr und Abenteuer in praktisch jeder Lebenslage. Wer so schnell unterwegs ist, der hat gar nicht die Muße das Glück zu erkennen, das auf seinem Weg liegt.

Glück ist eine Frage der Perspektive. Krankheit kann auch Heilung sein. Das ist mir damals schnell klar geworden. Dazu ein kleines Beispiel: Ich bezeichne mich als Feinschmecker. Weil aber mein Darm anfangs noch nicht funktionierte, bekam ich tagelang nur Zuckerlösung über Infusionen. Der Rest meiner Nahrung bestand aus Tee und Brühe. Als ich nach sieben Tagen mein erstes festes Frühstück bekam, Weißbrot ungetoastet, ohne Butter, dazu Erdbeermarmelade aus dem Aludöschen, da hat mein Glück endlich Geschmack bekommen. Es ist sensationell, wie etwas so Einfaches, so gut schmecken kann, genauso wie mein Leben seither, mein Leben nach dem Unfall.

Als mein Rücken gebrochen war, konnte ich froh sein, überlebt zu haben. Ich konnte erkennen, wer meine wahren Freunde sind, wurde wohlbehütet von Heike, die bereits wenige Stunden nach dem Unfall an meinem Bett hockte. Ein Stück Weißbrot schmeckte plötzlich wie das leckerste Häppchen der Welt. Meine Jagd nach dem Leben, dem Glück war beendet. Denn ich war in meinem Ich angekommen, auch wenn es nur ein halbes Ich war. Die Landung hätte härter nicht sein können, aber ich lebte und spürte mich wieder, hatte endlich Bodenhaftung, auch ohne Gefühl in den Beinen.

Natürlich hatte ich auch plötzlich viel mehr Zeit, als mir lieb war. Und wenn ich ehrlich bin, ich habe die Langeweile immer am meisten gehasst. So war ich gezwungen, über mich nachzudenken. Was würde aus meinem Leben werden? Ein sehr spannender Gedanke – plötzlich war nicht mehr alles möglich, alles selbstgegeben, alles normal. Eigentlich war kaum noch etwas aus meinem alten Leben möglich. Das Wenige, was noch ging, das genügte mir jetzt.

Alles war für mich über Nacht überschaubar geworden. Ich habe mir nie viel vorgenommen. Ich wollte aber jeden Tag etwas Neues spüren, etwas zurückbekommen, nur ein klitzekleines Geschenk am Tag. Das war meine Hoffnung, mehr auch nicht. Und weil ich nicht mehr erwartet habe, und weil jeden Tag dann auch etwas Klitzekleines zurückkam, nur deswegen habe ich wahrscheinlich überlebt und es geschafft. Nach dem Sturz war es die Hoffnung auf die OP. Nach der OP ließ mich der rechte Fuß hoffen, den ich wieder bewegen konnte. Das waren alles meine Gedanken in den Wachphasen. Und immer wenn ich daran gedacht habe, dann habe ich gewackelt – mit dem rechten Fuß, später mit dem ganzen Bein. „Quäl dich, du Sau!", ein Spruch den Radrennfahrer kennen müssten. Nach zehn Tagen konnte ich auch deutlich sichtbar mit dem linken Zeh wackeln. Ich habe trainiert, was noch zu trainieren war. Ich wusste: Nur das kann der richtige Weg sein.

Erste Tritte in den Allerwertesten

Sie liegen da, haben Schmerzen, sind irgendwo kaputt im Körper. Bei der einen ist es nur ein gebrochener Zeh, beim anderen der Phantomschmerz im fehlenden Raucherbein. Ein Dritter ist bei der Arbeit mit dem Kopf zuerst durchs Dach gefallen. Es gibt kleine und große Verletzungen. Ganz gemein sind plötzliche Krankheiten, zum Beispiel Knochenkrebs im Bein, wie bei der Patentante meiner großen Tochter. Dabei ist Tante Doro noch gut 30 Jahre jünger als mein Vater. Der hat 1997 Altersleukämie bekommen. Beide haben es heute geschafft, Papa sogar nach zwei Wochen auf der Intensivstation. Niemandem ist so etwas zu wünschen. Entscheidend ist, wie Sie damit umgehen. Denn schon allein der Schock der Krankheit kann töten.

Nach dem körperlichen Zusammenbruch erscheint fast alles anders als vorher. Die schönen Dinge, die vor einem lagen, scheinen in weite Ferne gerückt. Wer Schmerzen hat, kann auch schwer lachen. Wer im Bett liegt, dem fehlt schon nach kurzer Zeit die Kraft zum Aufstehen. Liegen Sie länger als eine Nacht, gewöhnt sich der Körper an die Horizontale, baut ab. Ihr Kreislauf benötigt nur noch einen Bruchteil des Drucks, um Blut in den Kopf zu pumpen. Wehe, Sie stehen dann plötzlich auf. Der Schwindel ist ekelhaft, manchmal im wahrsten Sinne des Wortes. Deswegen gilt auch hier: Vorbeugen ist besser, als sich auf die Füße zu kotzen.

Wenn Sie Ihren Kreislauf gar tagelang auf Sparflamme halten mussten, dann können Sie nicht einmal mehr alleine aufstehen, ohne dass Sie ohnmächtig werden. Als man mich am fünftenTag aufgerichtet hat, befand ich mich in der Phase des spinalen Schocks. Nach dem Unfall ging ab unterhalb des Bauchnabels gar nichts mehr. Im Oberkörper fehlten Kraft und Wille, mich alleine aus dem Bett aufzurichten. Also wurde ich aufgerichtet, von vier Pflegern gleichzeitig. Horror! Wie auf Knopfdruck verschwimmt mein Gesichtsfeld. Der Schwindel ist unerträglich, jede Achterbahn ein Klacks dagegen. Ich sehe helle Punkte, die mich stechen, so als stünde mein Kopf unter Strom. Keine 30 Sekunden habe ich so geschafft. Dann werden die hellen Punkte immer dunkler. Vor der Ohnmacht haben mich die Pfleger wieder ins Bett gelegt. Das war meine erste Reha-Maßnahme. 30 Sekunden am fünften Tag, kein großes Tagespensum, aber an dem Tag war einfach nicht mehr drin.

Am sechsten Tag halte ich bereits zwei Minuten aus. Fest eingeklemmt zwischen den Schultern zweier Krankenpfleger sitze ich am Bettrand. Ihre Arme stützen meinen Rücken. Ein dritter Pfleger drückte mir vorne die Beine zusammen.

Stellen Sie sich vor, alle Muskeln, Ihr ganzes Sitzfleisch, sind weg. Nichts geht mehr. Alles ist taub und schlaff, kaltes Fleisch, von dessen Existenz Sie nur wissen, weil es an Ihnen dranhängt. Jegliche Stabilität … weg, Ihr Po … weg. Sie sitzen direkt auf Ihrem Beckenknochen, eine mehr als wackelige Angelegenheit. Und sobald Sie versuchen, aus dem Oberkörper heraus die fehlende Stabilität zu kompensieren, damit wenigstens der Rumpf nicht wegknickt … sobald Sie also Ihre letzten funktionierenden Reste anspannen, geht bei Ihnen die rote Lampe an. Puls jenseits der 160, Schweiß läuft in Strömen, Speichel auch, so wie das ist, kurz bevor man sich übergeben muss. Wer in dieser Situation seinem Körper befiehlt, das alles zu ertragen, der muss ein Held sein. Oder er kennt das vom Hochleistungssport, wenn einen kurz vor dem Ziel die Kräfte im Stich lassen und nur noch der pure Wille den Körper aufrecht hält. Genau da muss man durch. Mehr als Umfallen kann manja nicht mehr.

Am 7. Tag heben mich die Pfleger in einen Sessel und fixieren mich. In meine gesunde linke Hand legen sie den roten Not-Knopf für den Fall einer Ohnmacht. Ich solle aber vorher drücken, sagen sie mir noch im Weggehen. Deswegen habe ich auch vorher gedrückt, nicht ein Mal … ständig! Diese Fahrt im Karussell hatte ich nicht gebucht. Nach zehn Minuten Panik bin ich sicher, nach Strich und Faden „verarscht" worden zu sein. Die Pfleger hatten niemals vor, auf meinen Notruf zu reagieren. In solchen Momenten bist du da, wo sie dich haben wollen. Du bist allein mit dir und deinem Körper und entdeckst dich neu.

Nach 20 Minuten werde ich schließlich doch befreit. Ich glaube, es sind dabei ein paar unschöne Worte von meiner Seite aus gefallen. „Notfall, sorry!", hat der Pfleger nur gesagt.

Am achten Tag ist dann alles viel einfacher. Mein Kreislauf ist wieder auf Arbeit eingestellt. Ich werde das erste Mal, von vier Pflegern gestützt, auf Krücken über den Krankenhausflur geführt … Ohne Kraft unterhalb des Bauchnabels, aber mit dem Gefühl eines Lebenden. Ein Pfleger sagt den magischen Satz, den wichtigsten in dieser Phase: „Das ist ein Anfang!" Mich hat das damals sehr motiviert.

In einer derartigen Situation steht jeder Mensch am Rande der Überforderung, kurz vor der Kapitulation. Es gibt so viele Gründe „Nein" zu sagen, einfach liegen zu bleiben. Das Schlimme daran ist nur: Viele Ärzte, Ihre Angehörigen, können das verstehen. Kein Gesunder wird sich hinstellen und Ihnen sagen: „Scheiß drauf und fang endlich an!“ Die meisten zerfließen vor Mitleid. Viele denken: „Mein Gott, wenn mir das passiert wäre?“ Eine Menge Selbstmitleid ist immer dabei. Aber das hat noch keinen auf die Beine gebracht. Ich bin bis heute froh, dass meine Pfleger nie großes Mitleid mit mir hatten. Sie haben getan, was zu tun war. Sie traten mich in den Allerwertesten und damit ins Leben zurück.

14 Tage nach dem Unfall werde ich von Feldkirch/Vorarlberg nach Bonn verlegt. Ich habe drei Reiseunternehmen zu Auswahl: den ADAC, meine Krankenkasse und meine Kreditkarten-Versicherung. Ich nehme Letztere in Anspruch. Die Leute waren am schnellsten verfügbar. Dafür sparten sie am Transportmittel. Da war nix mit luftgefedertem Bett, wie angekündigt. Ich liege auf einer Transportpritsche im umgebauten Mercedes, der genauso gut meinen Sarg hätte transportieren können. Die zwei Fahrer jagen im Akkord von Österreich nach Bonn – Anschluss-Job! Mit Vollgas 180 über die Autobahn, jede Welle schlägt in meinen geschundenen Rücken. Ich bitte darum, langsamer zu fahren.

Heike wird irgendwann sehr laut. Die im Cockpit bleiben cool. „Wenn es bei Ihnen wegen der Schmerzen nicht geht, dann bringen wir Sie gerne in ein nahes Hotel, und Sie fragen woanders nochmal nach, wie Sie nach Bonn kommen.“ Diesen Spruch hatten die Fahrer nicht das erste Mal gebracht. Sie kennen ihre Fracht. Ich bin gewarnt. Vorne sitzen zwei Transportprofis, Logistiker am Fahrtenschreiber. Und ich bin nur ein dummer Skifahrer, der es nicht mehr allein nach Hause schafft. Gott sei Dank sitzt Heike neben mir und versorgt mich für den Rest der Fahrt mit Opiaten.

Nach rekordverdächtigen sechseinhalb Stunden Fahrt kommen wir endlich in der Kaiser-Karl-Klinik in Bonn an. Sie wird von einem Freund geleitet: Chefarzt Dr. Axel Seuser, Orthopäde, ehemaliger Hochleistungssportler. Er hatte Heike den Rat gegeben, ich solle sofort mit meiner Transportfähigkeit zu ihm kommen. Meine Reha beginnt am 16. Tag, denn der 15. ist ein Sonntag.

Ärzte und die verlorene Chance

„Herr Doktor, was wird jetzt aus mir?" Ich liebe diese Frage. Auch ich habe sie oft gestellt. Und immer kommt in etwa die gleiche Antwort: „Es kann, muss aber nicht." Was für ein Armutszeugnis aus dieser Fakultät, in der ich doch meine Retter vermutet habe. So mag das vielen erscheinen.

„Sie werden wieder gesund", das will ich doch hören! Als ich meinen Chirurgen nach der OP frage, was wird, da sagt der nur: „Die Operation ist gut verlaufen." Toll, das spüre ich auch selbst. Sonst müsste ich ja mehr Schmerzen haben. Ich will doch wissen, wie es weitergeht. Jetzt liege ich hier mit Titanplatten im Rücken und im Handgelenk. Unten rum schlabbert die größte Windel, die ich je gesehen habe, eine einzelne so groß wie die Wochenration eines Kleinkindes. Unterhalb des Bauchnabels spüre ich nur meine Oberschenkel. Der Rest fühlt sich an wie nach Spritzen vom Zahnarzt. Wenig oberhalb meines Schambeins hat der Urologe einen Schlauch in meine Blase gestoßen. Ein kleiner Ballon sorgt dafür, dass er nicht wieder rausrutscht. Nahrung kommt in Form einer Zuckerlösung per Infusion im Oberarm. Meine Haare sind fettig. Schwestern waschen mich jeden Morgen mit feuchten Lappen, schauen in der Windel nach. Denn ich spüre auch das nicht mehr. Kurz: Alles ist Horror für mein Ego. Ich frage also noch mal nach beim Experten. Wer sonst, wenn nicht mein Chirurg, kann mir Hoffnung geben. Ich will hören: „Herr

Holubek, das wird schon wieder. In ein paar Monaten können Sie wieder laufen." Aber nix da ...Vom Doc kommt wenig Aufbauendes. Die Chance, mich noch mehr zu motivieren – verloren. Das hat mich noch Zeit lange geärgert. Da steht dieser Vollprofi wortkarg vor mir, der Mann, der mich wieder zusammenflicken musste und sagt: „Kann, muss aber nicht". Warum nur? Wenigstens der Chirurg sollte doch wissen, wie es tief in meinem Innersten aussieht!

Erst heute im Rückblick sehe ich ein, dass der Arzt Recht hatte. „Kann, muss aber nicht", das traf es gut. Die Mediziner haben das fast alle schon erlebt. Sie kennen unzählige Fälle von leichter verletzten Menschen, die schon „können" könnten, aber denken, sie müssten nicht, weil ihnen der Leidensdruck fehlt. „Der Arzt hat doch gesagt, dass das alles in zwei Monaten wieder verheilt ist. Warum soll ich da noch groß Reha machen? Und außerdem – die neue Hüfte ist aus Titan, das soll doch ewig halten." Das mag stimmen. Aber wenn Ihnen der Arzt eine Adresse mit dem Physiotherapeuten seines Vertrauens gibt, dann gehen Sie hin und zwar so schnell wie möglich! Denn wenn Sie nach der OP Ihre Muskeln nicht schnell aufbauen, dann sind Sie schneller wieder beim Doc, als Ihnen lieb sein kann.

Ich denke, noch schlimmere Erfahrungen haben Ärzte mit Schwerstverletzten gemacht. Nur die wenigsten Mediziner haben Erfolgsgeschichten wie meine erlebt und wenn, dann meist nur ein Mal in ihrer Karriere. Also wäre es fast schon gelogen, einem Schwerstverletzten Hoffnung zu machen, er käme wieder auf die Beine. Das bleibt aus der Erfahrung der Ärzte heraus immer noch die absolute Ausnahme. Es gibt so wenige Fälle, dass es offenbar nicht mal für eine vergleichende Statistik reicht. Man liest immer nur von geschätzten ein bis zwei Prozent, die das schaffen. Es könnten auch genauso gut 0,5 Prozent sein. Und natürlich fallen darunter in der Regel eher jüngere Patienten. Bei

Älteren wird der Rollstuhl noch schneller vors Bett gerollt. Dabei könnten es viel mehr Kranke schaffen. Was ihnen fehlt sind Menschen, die ihnen Hoffnung machen.

„Sie werden bestimmt wieder laufen können.“ Das sagt einem keiner so schnell. Kaum ein Arzt hat die Situation eines Schwerstverletzten am eigenen Leib erfahren. Und wahrscheinlich wüsste der Arzt auch nicht, wie er selber in so einer Situation reagieren würde. Zu was soll er also raten können?

Ich kann raten! Ich habe den Weg auf die Beine durchgemacht. Meine Theorie: Dass es nicht mehr Schwerverletzte schaffen, liegt am ungesunden Mix aus Angst, Unwissenheit, fehlender Geduld und ... Faulheit. Wer das Buch jetzt noch umtauschen will, der mag das gerne immer noch tun. Hauptsache, Sie finden den Kassenbon!

Letztendlich wissen Mediziner gar nicht genau, wie viel Einsatz dafür nötig ist, wieder gesund zu werden. Oft spielen so viele Faktoren eine Rolle, dass sich die möglichen Perspektiven gar nicht auf die Schnelle beschreiben lassen. Ein Unfallchirurg wird niemals dem Kollegen aus der Urologie in die Diagnose pfuschen. Und was Nerven angeht, ist der Neurologe gefragt. Als der mich dann untersucht hat, kam genau das gleiche wieder raus, nur eben auf Nervenebene: „Kann, muss aber nicht.“ Letztendlich spüre ich immer noch am besten, was ich als inkompletter Paraplegiker nicht spüre.

Aber warum kann sich dann nicht einer stellvertretend für alle Kollegen hinstellen, zum Beispiel der Chefarzt, und mir sagen, was ich tun muss, um wieder auf die Beine zu kommen? Die Antwort ist so erschreckend wie naheliegend: Weil sie es so umfassend an den Unis nicht gelernt haben. Es gibt keine Facharztausbildung, um Gelähmte wieder auf die Beine zu stellen. Unsere westliche Medizin kennt nur ihre vielen Teilbereiche – und eine Mobilisation in den Rollstuhl. Für meine Krankheit Querschnittlähmung bieten sich Orthopäden, Urologen, Gastroenterologen, Neurologen und Psychiater an. Um Krankheiten aber in ihrer Gesamtheit bewerten zu können, um ganzkörpergültige Aussagen zu Therapie und Prognose abgeben zu können, dazu muss man den Menschen und seine Malaisen auch in seiner Gesamtheit studiert haben. Leider sieht das unsere westliche Medizin nicht vor. Und deswegen will sich keiner dieser Vollprofis aus dem Klinikfenster lehnen und herausschreien: „Holubek wird wieder gesund!“

Die Panik der anderen

Glück hat, wer in der Schockphase von Menschen umgeben ist, die ihm ohne große Emotionen ehrlich heraus sagen, was sie wissen … nämlich gar nichts oder wenig. Und wenn man nichts oder wenig weiß, dann sollte man auch die Klappe halten und auf keinen Fall groß Mitleid zeigen. Dafür steht beim Kranken zu viel auf dem Spiel. Wenn alle um dich herum traurig sind – wie soll man dann noch positiv denken können?! Meine Pfleger haben kaum mit mir gesprochen, als sie mich am Bettrand aufgerichtet haben. Die haben bestimmt gewusst, dass das erst mal Horror war für mich. Aber das musste gemacht werden, ob ich wollte oder nicht. Ich bin ihnen sehr dankbar dafür. Denn alleine hätte ich das damals noch nicht geschafft.

Helfen bei der Reha ist toll, Mitleid am Bettrand etwas für Weicheier. Und ich hoffe sehr, dass sich der im Bett jetzt nicht angegriffen fühlt: Natürlich sind Sie ein Weichei, wenn Sie Trost erwarten und in den Arm genommen werden wollen! Wir sind hier doch nicht auf Ihrer Beerdigung! Im Gegenteil! „Wir haben keine Zeit zu jammern! Du bist krank, aber das soll nicht so bleiben!“, diese Sätze will ich in den Augen der anderen sehen, wenn sie mein Zimmer betreten.

Ich hatte auch so eine fragwürdige Kandidatin. Die hat mir am Telefon gesagt, dass sie mich nicht besuchen könne, weil sie mich nicht leiden sehen könne. Sie müsse zu

Hause ständig um mich weinen. Wahrscheinlich hat sie auch über ihr eigenes Elend geweint. Wenigsten war sie ehrlich genug und hat zugegeben, dass ihre Trauer reinstes Selbstmitleid war. Solche Menschen helfen keinem Kranken weiter. Dieser Typ von Mensch kann dich nur noch kränker machen.

Bei Verwandten und Freunden ist davon auszugehen, dass sie in der Mehrzahl der Fälle das erste Mal sehr getroffen und betroffen sind ... von Ihrer Verletzung! Die Armen hat es kalt erwischt. Das sieht man leider jedem sofort an, der das Krankenzimmer betritt. Nur die wenigsten sind gute Schauspieler. Die Panik der anderen kann ich jedenfalls sofort spüren. Ich denke, das wird jeder andere Betroffene auch bemerken, und wenn es nur unterbewusst ist. Ich habe im Krankenhaus alle Besuche erst mal strikt abgelehnt. Nur Heike und meine Schwester durften zu mir. Die waren so klug gefasst, dass sie immer nur in meiner Abwesenheit geweint haben. Als sie bei mir waren, habe ich ihnen nichts anmerken können. Im Gegenteil – Sie alles für mich übernommen. Nach 12 Tagen war meine Wohnung in Bregenz leergeräumt und frisch gestrichen, mein Wohnsitz abgemeldet, Nachsendeanträge gestellt ... Sie haben alles erledigt und perfekt gelöst. Das war mir das Wichtigste. Mehr Mitleid braucht es nicht.

Es gab auch belastende Anrufe aus der allernächsten Verwandtschaft. Mein Vater hat nur geschluchzt am Telefon. Papa Holubek, Leukämie-Patient, sonst immer hart im Nehmen, konnte mit der Situation, dass sich sein Sohn zerlegt hat, gar nicht umgehen. Ich habe alle gebeten, ihn die ersten Wochen von mir fernzuhalten und ihn zu beruhigen. Denn wenn mein Vater weint, dann muss ich auch weinen, weil ich ihm das angetan habe.

Der alte Fuchs hat es dann später doch geschafft, mir nahe zu sein: Papa hat sich einfach in das Nachbarzimmer einweisen lassen, als ich in Bonn in der Reha-Klinik lag. Er hatte sich ein künstliches Hüftgelenk implantieren lassen und machte seine Reha bei mir. Was für ein Zufall das war!

Grundsätzlich ist das aber abzulehnen. Warum sollten Sie sich in der Reha noch zusätzlich mit den Gebrechen und Ängsten Ihrer Liebsten auseinandersetzen müssen. Bei meinem Vater konnte ich dann letztendlich doch sicher sein, dass er sich gefangen hatte und mich nicht auch noch mit seinen Schmerzen belasten würde. Eltern mit Tränen in den Augen erträgt kaum ein Kind. Und ich wusste bei meinem Vater, dass der mit der neuen Hüfte hochmotiviert und lächelnd seine Reha durchziehen würde – dann auch gerne in derselben Klinik.

Spendenaktionen, Artikel in der Lokalpresse („Drama um TSV-Stürmer … ganz Winkelstedten im Schock!") … Die ganze Palette der Anteilnahme, das ist Gift für Ihre Wiederauferstehung. Je mehr die anderen durch Aktionismus bewegen wollen, desto geringer wird Ihre Zuversicht, schnell wieder gesund zu werden: „Oh Mann, wenn sie sogar schon Geld für mich sammeln, dann muss es ja ganz schlecht um mich stehen."

Hilf dir selbst!

Es ist ein großer Fehler, vom körperlichen Zustand auf seinen geistigen schließen zu wollen. Sonst wären Sie ja in der Nervenheilanstalt gelandet. Wenn Ihr Körper total kaputt ist, dann ist das noch lange kein Grund, davon auszugehen, dass Ihr Kopf das auch ist. Lassen Sie also den Blödsinn. Jede Depression zerstört das Letzte, was Sie jetzt noch haben: Ihren gesunden, klaren Sachverstand. Und der darf jetzt nur eines befehlen: Geh zurück auf LOS und fang von vorne an!

Meinen Vater hätte der Schock der Krankheit fast getötet. Dabei war es bei ihm einfach nur zu viel des Guten. Auch das kann gefährlich werden. Seine Diagnose lautet CML, Chronische Myeloische Leukämie. Das ist Altersleukämie, die heute mit einem der teuersten Medikamente zu kontrollieren ist: Glivec, Monatspackung für 3.500 Euro – ein Dank ans Solidarsystem. Doch bevor er das bekommen hat, machte Papa einen Abstecher zum Hades und wäre fast nicht mehr zurückgekommen.

Damals, 1997, gab es noch nicht so wirksame Pillen wie heute. Papa, frisch pensioniert, Diplomat aus dem Auswärtigen Amt, Dr. jur., lebte – bis auf eine Gelbsucht in den Sechzigern – immer kerngesund.Und dann das! Kaum im Ruhestand haut das Schicksal eine Breitseite raus. Und was macht Papa? Er wird zum „Internetzer" und „googelt" seine CML. Treffer 9: Stammzellenentnahme. Treffer 33:

Medikamentenstudie an der Uni Mainz. Da soll es etwas ganz Neues geben. Papa setzt sich sofort in den Zug. Nach einem Gespräch mit dem Professor besteht die Möglichkeit, ihn in eine Studie zum Vorläufermedikament von Glivec aufzunehmen. Aber vorher muss er zur Stammzellenentnahme. Da werden ihm etwa 80 Millionen Stammzellen aus dem Blut gefiltert. Er liegt für Stunden an Schläuchen und sein gesamtes Blut läuft mehrmals aus ihm raus und wieder rein. Die Stammzellen sollen eingefroren werden, um sein Leben ein paar Monate zu verlängern, wenn die Leukämie schließlich akut ausbricht.

Als Papa aus Mainz zurückkommt, ist er sehr müde, blutarm im wahrsten Sinne. Am nächsten Tag hustet er viel, bei einem Spaziergang mit mir und seiner neugeborenen Enkeltochter Eva im Kinderwagen immer mehr. Ich fahre ihn direkt in die Uni-Klinik, muss dann noch mal los, um ihm seine Sachen von zu Hause zu holen. „Bitte vergiss meine Russisch-Hefte nicht!", sagt er mir noch mit kraftloser Stimme. Als ich ins Krankenhaus zurückkomme, liegt Papa schon mit über 40 Grad Fieber im Bett. Zweite Diagnose: schwere Lungenentzündung. Die hat er sich im Krankenhaus in Mainz bei der Blutentnahme geholt. Am nächsten Tag ist er schon nicht mehr ansprechbar. Als dann Wasser in den Lungenflügeln steht, kommt er auf die Intensivstation, wird ins künstliche Koma versetzt. Vater hat sich einen Super-Erreger eingefangen. Solche Keime vermehren sich auf Krankenstationen viel stärker, weil da ständig Antibiotika eingesetzt werden. Die helfen zwar den meisten Patienten, aber bei einigen wirken sie nicht mehr. Denn die Bakterien sind mutiert und gegen die angewendeten Mittel resistent geworden. Das macht sie besonders tödlich. Nach zwei Wochen sind Papas Lungenflügel zu 90 Prozent mit Wasser gefüllt. Er steht kurz vor dem Ersticken. Bis dahin hatte noch keines der Antibiotika angeschlagen. Dann endlich wirkt doch etwas. In der dritten Woche konnte er die Intensivstation endlich verlassen, nach weiteren acht Wochen auch die Klinik. Dann hat Papa mit Qi-Gong angefangen, chinesischen Meditationsübungen. Und in die Studie aus Mainz konnte er auch aufgenommen werden.

Mein alter Herr hätte es fast nicht geschafft. Sein unbändiger Lebenswille, sofort alles gegen die Diagnose Leukämie aufzufahren, hat ihm letztendlich das Leben gerettet. Sein Eifer hätte ihn aber auch fast getötet. Papa war schon angeschlagen, als er sich die 80 Millionen Stammzellen entnehmen ließ. Danach war sein Immunsystem ganz unten. So wäre um ein Haar nicht der Krebs, sondern ein Erkältungserreger sein Ende gewesen.

Warum habe ich das jetzt erzählt? Das klingt ja alles mehr als kontraproduktiv zum Thema „Tu dir etwas Gesundes!" Aber hätten wir es besser anders gemacht? Ich selbst habe ihn ja damals noch bestärkt, nach Mainz zu fahren. Die Antwort muss also lauten: Nein! Wir hätten es nicht besser anders gemacht. Denn das fällt für uns in die Rubrik „Shit Happens!" Natürlich hätte sich Papa nach der Stammzellenentnahme schonen sollen. Aber mein Vater lebt heute noch, auch mit dem Blutkrebs im Knochenmark. Dass das so ist, liegt an seiner Einstellung: Tot bist du erst, wenn du tot bist. Nichts zu tun, bringt dich aber am schnellsten dahin. Sich bei einer als lebenswichtig erscheinenden Behandlung mit einem resistenten Erreger zu infizieren, ist großes Pech. Und? Ja, natürlich! Es wird auch weiterhin Tote geben. Nur, bitte – das hat doch das Schicksal zu entscheiden und nicht Sie!

Mein Vater lebt auch 15 Jahre nach der Krebsdiagnose fidel und gesünder als die meisten anderen vom Jahrgang 1931. Der Name Reinhard Holubek erschien bis vor kurzem sogar noch auf der Bestenliste seiner Paddelkameraden im Sportverein, mit jährlich fast 2.000 Kilometern auf dem Wasser. Das teure Medikament Glivec hat lange funktioniert, ihm das Leben gerettet, bis es inzwischen wegen Resistenzen von einem anderen Medikament abgelöst werden musste. Papa war selbst derjenige, der auf dem Wege der Internet-Recherche in eine Leukämie-Studien-Gruppe fand. Er war einer der Ersten, die mit dem neuen Medikament behandelt wurden, denn er hat das mit 65 Jahren selbst „ergoogelt". Und im Jahr 1997 waren noch die wenigsten Rentner fähig, allein den PC zu bedienen.

Papas Einstellung zu Krankheit war immer die: „Auch wenn mein Körper schwer leidet, Hauptsache, mein Kopf ist gesund." Manchmal habe ich sogar den Eindruck, dass Daddy seinen Körper auf Autopilot stellen kann, wenn es hart wird. Andere würden ihn einfach als schmerzfrei bezeichnen. Wer letztendlich aber Körper und Kopf voneinander trennen kann, hat einen klaren Wettbewerbsvorteil, vor allem dann, wenn Schmerzen und Leiden eigentlich unerträglich sind. Ich kann mich nicht erinnern, dass ich meinen heute bald 80-jährigen Vater mit schlesischen Wurzeln jemals leiden gesehen hätte. Warum? Psychologen greifen da natürlich wieder die prägende Kindheit auf. Mein Vater war der Benjamin unter fünf Geschwistern, Flüchtlingskind, wurde immer nur gewickelt, wenn er wirklich nass war. Das härtet ab, darf aber keine Entschuldigung sein für alle Nachkriegskinder, die im SUV zur Schule gebracht werden, bunte Fußballschuhe tragen oder mit Handy und 68 Barbies spielen.

Der beste Papa auf der Welt hat jedenfalls mit seiner Einstellung vielen anderen Kranken sehr geholfen, wenn auch indirekt. Denn Papa reißt immer Zeitungsartikel raus, die den Sohnemann interessieren könnten, unter anderem auch einen Artikel aus dem Werbemagazin von Red Bull (Nein, ich habe noch kein Geld von da bekommen, nehme aber selbstverständlich alles an!), einen Artikel über ein „Wunderkind" der Medizin: Prof. Marc Possover; mit 15 Medizinstudium; mit 22 Doc; mit 36 Professor; heute 46;

einer der „Leading Surgeons of the World". Er baut Querschnittgelähmten Schrittmacher ein, die diesen Namen auf jeden Fall verdienen. Diese Hochleistungsmaschinen wurden eigentlich für kranke Herzen entwickelt, aber sie funktionieren auch bei Lähmungen gut. Später mehr zur besten Erfindung seit der des Rollstuhls.

Inkontinent ist nicht gleich impotent

Inkontinenz ist ein schlimmes Wort. Diesen Zustand mag keiner gern beschreiben … Igitt. Dabei ist der Umgang mit Inkontinenz erlernbar, ohne dass die Umwelt Angst haben muss, dass etwas daneben geht. Das Problem mit der fehlenden Muskelkontrolle von Blase und Enddarm ist weniger das, dass da etwas unkontrollierbar wird. Nein! Das wirkliche Problem liegt gute 20 Zentimeter höher. Es betrifft die Nieren. Wer sich ständig per Katheter entleeren muss, hat oft gleich mehrere Blaseninfekte im Jahr. Da helfen dann nur Antibiotika. Doch irgendwann helfen auch die nicht mehr, weil die Keime längst resistent geworden sind. Und wer seine Blase nicht spürt, der weiß auch nicht, wie voll sie ist. Irgendwann drängt dann infizierter Harn in die Nieren zurück. Die Organe machen das Spiel lange mit ohne sich zu melden, oft 20 Jahre lang. Doch dann können die Nieren innerhalb kürzester Zeit versagen, manchmal über Nacht. Das bedeutet Dialyse und auf eine Spenderniere hoffen. Wie es um die Vergabechancen bei Kranken mit dieser Vorbelastung steht, das vermag ich nicht zu beurteilen. Ich schätze sie als bedeutend schlechter ein.

Bei mir hatten die Ärzte anfangs einen Katheter durch mein Genital geführt. Der Schlauch endete in einem 2,75 Liter fassenden Plastiksack. Schon am zweiten Tag begann mein Blasentraining. Ich sollte so schnell wie möglich spüren, ob – und vor allem wann – ich etwas spüre da unten. Und natürlich habe ich auch schnell gedacht, dass ich etwas spüre. Aber dann war die Blase trotzdem leer. Und wenn sie voll war, spürte ich das leider auch nicht richtig. Hypersensible Blase nennt sich das. Für das Blasentraining wurde mir der Ablauf des Katheters zugeklemmt. Ich sollte mich melden, wenn ich etwas spürte. Ein Mal war der Sack zu, und ich wusste nichts davon. Ich war abgelenkt, weil ich im Gips-Raum auf einen Gips für den zerstörten rechten Unterarm wartete. Dann bemerkte ich diese riesige Beule unterhalb meines Bauchnabels, begleitet von einem plötzlich einsetzenden stechenden Schmerz. So muss sich das anfühlen, wenn die Blase reißt. Als ich das Ablassventil geöffnet habe, lief der ganze Sack voll mit 2,75 Litern Harn! Bei Gesunden meldet die Blase ab 500 Millilitern „voll". 2,75 Liter hätten bei mir zum Blasenkollaps führen können. Dann ist die Blase so schlaff, wie ein Luftballon am Tag nach dem Kindergeburtstag. Ich hatte also wiedermal großes Glück gehabt. Wie stark meine Blase aber gereizt war, das wurde mir ein paar Tage später schmerzhaft klar. Der Urologe hatte vor, mir einen Dauerkatheter zu legen. Dabei wird ein sogenannter suprapubischer Katheter durch die Bauchdecke hindurch in die Blase gedrückt. Ich brauchte ein Maximum an Anästhesie, weil der Blasenmuskel so hart und geschwollen war, dass der Urologe die 2 Millimeter dicke Nadel mit eigener Kraft kaum durchstoßen konnte. Außerdem fühlte er sich durch meine gellenden Schreie bei seiner Arbeit so abgelenkt, dass er vor der dritten Betäubungsspritze sagte: „Also, Herr Holubek, wenn das auch nicht richtig wirkt, dann müssen wir wohl oder übel eine Vollnarkose machen." Die dritte Spritze wirkte dann endlich. Ich war schweißgebadet und mein Urologe auch.

Alle zwei Monate musste der Katheter ausgetauscht werden, um die Zahl der Blaseninfekte zu verringern. Die fängt man sich leider bei so einer „offenen" Lösung immer wieder ein. Das Ziehen und Erneuern des Katheters war bis heute eine der schlimmsten Prozeduren, vor allem beim ersten Ziehen. Da hat der Arzthelfer nur gesagt: „Also wir zählen jetzt gemeinsam bis drei, und dann ziehe ich." „Eins, zwei ..." Bevor ich die „Drei" auch nur denken konnte, war der Schlauch mit dem Ballon-Verschluss schon gezogen. Blut spritzte. Meine Augäpfel flogen in Richtung des Helfers. Ich habe geschrien, wie nach einem Tritt in die Weichteile durch 'nen Mafiaboss aus Chicago. Der Arzthelfer hatte mich glatt angelogen! Er hatte nie vor, erst bei „Drei" zu ziehen. „Und wissen sie warum?", erklärte mir der Urologie-Assistent: „Weil es Ihnen so am wenigsten weh tut. Denn alle Patienten spannen bei Drei reflexartig ihren Bauch an. Und dann tut es ganz übel weh, weil ich dann noch fester ziehen muss." Er war trotzdem nicht beleidigt, dass ich nicht auch noch „Danke" gesagt habe.

Nach einem Jahr kam der Katheter endgültig raus. Heute habe ich mich selbst gut unter Kontrolle. Meine Bauchmuskeln sind so austrainiert, dass ich die Blase indirekt leergedrückt bekomme. Der stechende Schmerz kommt heute sehr viel früher, so bei 800 Millilitern. Das ist meinem Urologen aber immer noch zu viel. Also gehe ich prophylaktisch zum Urinieren, und das ist gut so, denn manchmal sind auch über 1.000 Milliliter drin. Oft darf mir so etwas aber nicht mehr passieren. Deswegen gibt es schon einen Plan B, den Schrittmacher, den ich später beschreiben werde.

Ach so ... was zur Inkontinenz noch dazu gehört, ist Pupsen. Das wird ja auch über einen Schließmuskel kontrolliert. Meine ersten Erlebnisse im Fahrstuhl stießen Gott sei Dank auf breites Verständnis. Ich war unter Gleichen. In meiner Reha-Klinik in Bonn lag der Altersdurchschnitt bei weit über 60. Die Mehrzahl der Patienten hatte künstliche Hüften und Schultern bekommen, sie kamen immer für zwei Wochen nach der OP zur Reha. Ich erinnere mich noch gern an das Lächeln der alten Dame aus dem 1. Stock: „Drücken Sie für mich mal 3. Stock bitte, junger Mann?“ Ich: „Da will ich ja auch … PUPS …“ Sie grinst: „Dat is doch nicht schlimm. Wat raus muss, muss raus.“

Seitdem esse ich wenig Fleisch und viel Obst und Gemüse. Damit erspare ich mir wirklich peinliche Zwischenfälle in der Öffentlichkeit, die ich keinem in der Kürze wirklich erklären will. Ich müsste ja immer mit dem Satz anfangen: „Ich kann nichts dafür.“ Ich appelliere aber hier an alle Mitmenschen: Gebt zu, dass ihr gepupst habt! Steht auch dazu! Es ist so menschlich. Außerdem blickt dann nicht immer alles gleich zu mir, denn ich bin es in dem Fall gar nicht gewesen.

Ich habe also mein Leben heute so umgestellt, dass keiner neben mir Angst zu haben braucht, etwas hören, riechen oder sehen zu müssen, wenigstens kaum mehr, als er das von sich gewohnt ist. Inkontinenz ist keine Krankheit. Sie ist aber vermeidbar. Nur sollte sich keiner wundern, wenn ich lieber etwas öfter auf den Lokus gehe.

Ob mir das peinlich ist, inkontinent zu sein? Wieso sollte es? So bin ich eben. Das gehört jetzt zu mir dazu. Es gehört zu meiner Restbehinderung. Peinlich ist mir eher, dass der Staat meinen Schwerbehindertengrad erst kürzlich wieder auf 100 Prozent belassen hat. Das ist für mich natürlich eine tolle Sache: Ich habe jetzt für 120 Euro im Jahr freie Fahrt im Regionalverkehr und eine kleine Steuerpauschale. Ich bedanke mich bei der Solidargemeinschaft.

So … und die Frage, die mir nur meine besten Freunde und die ganz Mutigen stellen: „Wie ist das bei dir mit dem … hm, hm, hm?“ Nun … Ja. Ich war natürlich impotent … Nein. Ich bin es heute nicht mehr. Als nach neun Wochen plötzlich etwas kam, mit dem ich nicht mehr gerechnet hätte, da war ich natürlich froh. Aber ich war nicht so erleichtert, wie es anzunehmen gewesen wäre. Es war mir bis dahin noch relativ egal. Also, ich hab das am Anfang nie auf meine „Must have“-Liste gesetzt. Da standen Sachen, die mir viel wichtiger erschienen.

Jetzt habe ich gelernt, dass Sexualität reine Kopfsache ist. Nur da spielt sich auch alles ab. Der Rest ist eine rein körperliche Reaktion, die ohne die Hormonexplosion im Hypothalamus meines Gehirns nicht mal in die Nähe eines Orgasmus käme. Also kurz: Unten spüre ich nix, aber die Explosion ist oben noch voll da, nur nicht mehr so kurz und heftig, dafür viel länger und öfter. Ich bin sogar potenter als früher, wenn man den Stand des Dings rein nach dem Spaßfaktor bemisst. Es gibt kein besseres Training, um die wichtige Beckenbodenmuskulatur aufzubauen. Und kaum etwas anderes pumpt mehr Zement in das Selbstbewusstsein. Den Rest besorgt eine verständnisvolle Partnerin. Frauen gehen lockerer mit solchen Themen um, weil sie sich mehr mit so etwas beschäftigen müssen, ihre Tage haben, Kinder kriegen, Windeln wechseln, häufiger duschen. Das ist alles das Normalste auf der Welt, wenn man sich dem auch in natürlicher Art und Weise nähert.

Rheinische Grundgesetze für Jedermann und Jedefrau

Die Rheinischen Grundgesetze sind so alt wie die Zehn Gebote. Fast jeder gebürtige Rheinländer bekommt sie in die Wiege gelegt.

In minge Fall wor dat die Oma, die mer am Midaach minge Rievekooche jebacke un mer dabei dä janze Driss jeliirt, also beijebracht hät.

(In meinem Fall war das die Oma, die mir mittags meine Reibekuchen rausgebacken und mir dabei den ganzen Mist beigebracht hat.)

Das Prinzip der Rheinischen Grundgesetze ist im Rheinland allgegenwärtig und hat auch mich geprägt. Nichtrheinländer würden sie Phrasen schimpfen. Dabei sind das kleine Weisheiten, die das Leben sehr viel erträglicher machen. In diesem Buch verstecken sich eh unzählige Plattitüden. Da machen die elf „Rheinischen Gebote" den Kohl auch nicht fetter.

Ich hätte darauf auch verzichten können. Aber als ich die Gebote an der Wand meiner chinesischen Ärztin dick eingerahmt hängen sah, da dachte ich: Wenn sogar eine Chinesin daran glaubt, dann hilft das auch mir in der Therapie. So lässt sich leichter verstehen, wie der Rheinländer die Jahrhunderte dauernde Unterdrückung durch Römer, Franzosen und Preußen im Großen und Ganzen schadlos überstehen konnten. Die Rheinischen Grundgesetze sind Ausdruck unseres sonnigen Gemüts, das gerade im Krankheitsfall hilft, sich und sein Leid besser annehmen zu können.

Artikel 1: ***Et es wie et es*** ... Sieh den Tatsachen ins Auge!

Dass wir krank sind, ist klar. Daran lässt sich im Augenblick nichts ändern. Also nehmen wir es an und machen das Beste aus dem Tag. Sich jetzt immer noch zu ärgern, weil die Freunde am Wochenende allein feiern werden, das Essen nicht schmeckt, der Körper schmerzt, das macht denn Tag noch grauer. Also akzeptiere deinen Zustand und mach das Beste draus.

Artikel 2: ***Et kütt wie et kütt*** ... Habe keine Angst vor der Zukunft!

Wer ständig Angst vor der Zukunft hat, weil er voll negativer Erinnerungen aus der Vergangenheit ist, der verpasst, im Heute zu leben. Niemand weiß, was die Zukunft bringt. Es kommt in den meisten Fällen eh anders. Also genieße den Moment, auch wenn die Gegenwart wenig Schönes bietet. Aber das Wenige ist es wert, genossen zu werden. Nur das unterscheidet uns von den Toten, die auch das letzte Schöne nicht mehr genießen können.

Artikel 3: ***Et hätt noch emmer joot jejange*** ... Lerne aus der Vergangenheit!

Wenn du schon deine schlechten Erinnerungen an das Geschehene nicht ausblenden kannst, dann sei froh, dass du die Erfahrung gemacht hast. Nur aus Fehlern wird man schlau. Lerne und mache es in Zukunft besser. Ärgere dich nicht. Wer weiß, wofür die schlechte Erfahrung gut war, und welches viel größere Unheil dir dadurch erspart geblieben ist. Auch durch die Krankheit lassen sich Erfahrungen gewinnen, die einen beim nächsten Mal vorsichtiger mit unserem wertvollsten Gut Gesundheit umgehen lassen. Demut ist so wichtig!

Artikel 4: ***Wat fott es, es fott*** … Jammere den Dingen nicht nach!

Du hast etwas verloren – deine Gesundheit. Doch das lässt sich jetzt nicht ändern. Aber du hast die Möglichkeit, gesund zu werden, und das um mindestens eine Erfahrung reicher. Das mündet wiederum in die Erkenntnis, dass gerade Gesundheit das Wichtigste in deinem Leben und im Leben deiner Liebsten ist.

Artikel 5: ***Et bliev nix wie et wor*** … Sei offen für Neuerungen!

Fortschritt ist so sicher wie der Tod. Bei beiden fehlt nur die Planbarkeit. Viele chronische Krankheiten wurden im Laufe eines Lebens heilbar. AIDS muss heute keine tödliche Infektionskrankheit mehr sein. AIDS ist (noch nicht) heilbar, aber die Medikamente halten das Virus in Schach. Im Zuge meiner Querschnittlähmung habe ich eine neue Technik kennengelernt, die viele andere Kranke vor dem frühen Tod bewahren und sogar den einen oder anderen wieder auf die Beine bringen wird. Was das ist, erfahren Sie in einem der folgenden Kapitel.

Artikel 6: ***Kenne mer nit, bruuche mer nit, fott domett*** … Sei kritisch, wenn Neuerungen überhandnehmen!

Fortschritt ist gut, aber zu viel und zu schneller eben auch wieder nicht. Also Vorsicht! Altbewährtes hat sich immerhin bis heute bewährt. Natürlich ist unsere westliche Schulmedizin in vielen Punkten renovierungsbedürftig. Dabei sollten wir aber nie vergessen, dass sie bis heute vielen Menschen geholfen hat.

Artikel 7: ***Wat wellste maache?*** Akzeptiere dein Schicksal!

Wenn man an der Situation nichts ändern kann, dann ist jedes Dagegenankämpfen Verschwendung deiner Ressourcen und der der anderen. Das kostet Kraft, Zeit und Geld. Finde dich also mit dir und deiner Situation ab.

Artikel 8: ***Maach et joot, äwwer nit ze off!*** Achte auf deine Gesundheit!

Es gilt die 80:20 Regel bei allem, was Sie machen. 80 Prozent gesund leben und auf sich achten, 20 Prozent Spaß haben und Fünfe gerade sein lassen. Wer immer nur alles richtig machen will, der verpasst auch wieder einen wichtigen Teil des Lebens: die Lebensfreude. Natürlich sind ein, zwei Gläser Wein mal schön. Das ist zwar nicht gesund, aber wenn schon, dann genieß sie in vollen Zügen.

Artikel 9: ***Wat soll dä Quatsch?*** Stelle immer zuerst die Universalfrage …

Was soll der Quatsch? Warum mache ich das, was ich mache? Mache ich das wirklich für mich, oder verschwende ich nur Kraft, Liebesmüh, Zeit und Geld? Also immer erst denken, dann handeln. Und vergessen Sie nie, sich immer wieder selbst infrage zu stellen. Nur so kommen Sie zu Antworten.

Artikel 10: ***Drenkste eene met?*** Komme dem Gebot der Gastfreundschaft nach!

Mit Freunden ist das Leben viel schöner. Genieße Gesellschaft und teile dich mit. Du wirst sehen, dass du mit deinen Gedanken nicht alleine bist. Sei gesellig, denn Glück ist auch, mit den Menschen zusammensein zu dürfen, die man gern hat. Kranke, die sich nicht mehr vor die Türe trauen, sterben früher, manchmal sogar an der Einsamkeit allein.

Artikel 11: ***Do laachste dich kapott!*** Bewahre dir eine gesunde Einstellung zum Humor!

Lachen ist gesund. Selbst Schwerstkranke lachen und das vollkommen zu Recht. Denn das Leben hat für jeden Menschen etwas Gutes in der Hinterhand. Unzählige Studien haben bewiesen: Wer viel lacht, lebt länger (Quelle Gesundheitsreport der AOK Rheinland/Hamburg, Juni 2010). Demnach werden Menschen im rheinischen Bonn, im Rheinisch-Bergischen sowie im Rhein-Sieg-Kreis durchschnittlich zwei Jahre älter als Frauen und Männer im Bundesdurchschnitt (82 und 77 Jahre). Do laachste dich kapott!

Notstandsgesetz, falls Artikel 2 und 3 einmal nicht zutreffen sollte: ***Et hätt noch schlimmer kumme künne*** ... Es hätte noch schlimmer kommen können, denn Sie leben ja noch!

Wohlstandsgesetz: ***Mer muss och jönne könne!*** Sei weder neidisch noch missgünstig!

Wenn es anderen besser geht, dann ist das deine persönliche Sichtweise. Was wissen wir, wie es dem anderen wirklich geht und wie viele Leichen er im Keller begraben musste? Wenn es hart auf hart kommt, haben alle Menschen die gleichen Probleme, der eine früher, der andere später. Und bis dahin bist du schon längst wieder aus dem Gröbsten raus.

Die Wahrheit über das Glück

Glück – für die einen ist es nur ein Wort, für andere ein Lebensziel. Glücklicherweise befassen sich Philosophen seit Jahrtausenden damit. Es gibt Hunderte treffende Plattitüden über Glück. Meist verstehen wir eher die mit Umkehrschluss: „Geld macht nicht glücklich", oder um es mit dem französischen Schriftsteller Nicolas Chamfort zu sagen: „Es ist schwer, das Glück in uns zu finden, und es ist ganz unmöglich, es anderswo zu finden". „Pech im Spiel, Glück in der Liebe" – bei diesem Spruch fehlt zum Beispiel das Wort „hoffentlich". Ich habe meine Lieben bisher nie am Roulette-Tisch gefunden, obwohl ich immer verloren habe. Wenn wir also nicht wissen, wie sich das Glück anfühlt, dann beschreiben wir oft, wie es sich anfühlt, wenn wir es nicht haben. Das ist nicht logisch und schade obendrein. Dabei ist Glück so wichtig und in aller Munde: 25 Millionen Mal zeigt Google das deutsche Wort „Glück" an. Was für eine Erfolgsstory für einen Zustand, den scheinbar kaum einer richtig kennt!

Albert Schweitzer (1875–1965), Theologe und Philosoph, er war uns durch sein Schaffen als Arzt in Afrika bekannt.Er hat sein Leben geliebt und wurde 90 Jahre alt. Ich kannte den Mann nicht persönlich, aber auf Fotos und in seiner Biografie vermittelt er mir, dass er das Glück kennengelernt hat. Auch er hat uns helfen wollen, dass wir Glück verstehen und vor allem fühlen lernen. Er gab Zeit seines Lebens so viel davon ab, dass das 1952 mit dem Friedensnobelpreis belohnt wurde. Er ging nicht mal hin, um ihn entgegenzunehmen, weil er lieber bei seinen Patienten geblieben ist: „Das Glück ist das Einzige, das sich verdoppelt, wenn man es teilt." „Viele Menschen wissen, dass sie unglücklich sind. Aber noch mehr Menschen wissen nicht, dass sie glücklich sind."

Ich habe mich mein ganzes Leben lang bis zu dem Unfall auch immer wieder gefragt: „Bist du glücklich?" Eigentlich war ich das doch, oder etwa nicht? Ich sollte es doch sein. Ist doch alles in Ordnung. Mir geht es gut. Ich bin gesund. Ich habe eine tolle Familie, super Freunde, einen geilen Job. Ich bin nicht arm. Also, was soll der Mist? Warum habe ich mir diese Frage überhaupt gestellt?

Weil ich damals natürlich gar nicht glücklich war! Abfahrts-Skirennen mit 40! Auweia! Aber das weiß ich natürlich erst heute, wenn ich die Glücks-Skala hervorkrame. Und die geht bei mir von eins bis zehn. Früher wusste ich nicht, dass bei zehn wirklich Ende ist. Der Mensch verträgt im Kopf rein platztechnisch gar nicht mehr. Was ist ein Gehirn im Vergleich zum Universum? Es ist ganz klein, genauso wie unser Glück. Aber wenn wir immer nach dem Universum streben, bekommen wir das kleine Glück nie zu fassen. Noch mal: Unser Glück ist IMMER da! Es ist eben nur viel kleiner als erwartet, denn nur so passt es in unser kleines Gehirn. Deswegen ist Glück ja auch etwas Kleines, ein kleiner Moment nur. Und aufpassen! Wer hat gesagt, dass kleine Sachen nicht genauso groß sind! Größe und Glück haben nichts miteinander zu tun. *Diamonds are a girls best friends!*

Im Vergleich zu heute bin ich vor dem Unfall auf meiner Glücks-Skala nur bis zur Sechs (von zehn) gekommen. Die Zehn habe ich damals nur unter Einfluss von Alkohol erreichen können. Heute erlebe ich ständig Glücksmomente, denen ich nüchtern eine glatte Zehn gebe. Ständig Zehn zu leben, das halte ich aber für unmöglich, denn dann ist es zu viel des Glücks.

Seit dem Unfall lebe ich auf Glücksebene sieben, also allein schon im Tagesgeschäft einen Punkt besser, als früher in Momenten größter Glückseligkeit. Ich nenne Stufe sieben deswegen Zufriedenheit. Stufe acht ist das Glück des Alltags, zum Beispiel, wenn ich mit meinen Kindern oder meinen besten Freunden zusammen bin. Stufe neun sind die Momente, in denen ich erkenne, dass ich alles richtig gemacht habe. Das sind die Momente, in denen mir das Leben zeigt, was es für schöne Zustände, menschliche Begegnungen oder Naturereignisse für mich bereithält. Und die Zehn erreiche ich, wenn mir wieder einmal klar wird, dass nichts im Leben geiler ist als das Leben an sich!

So …

Ich weiß heute, was Glück ist!

Ich kann es sehen. Ich fühle es. Ich lebe (und liebe) es!

Ja, ich bin der glücklichste Mensch der Welt, auch wenn das eine rein subjektive Betrachtungsweise ist. Aber ich hab' ja nur die eine, meine eigene Perspektive.

Der Unfall war im Nachhinein gesehen mein größtes Glück. Und wenn ich wüsste, dass alles wieder so ausgeht – ich würde die Jahre meiner Wiederauferstehung noch mal durchleben wollen. Das hat mich dahin gebracht, wohin ich es alleine nie geschafft hätte, in die Zufriedenheit und ins Glück. Erst ist alles weg, und dann bekommst du einiges wieder. Und das Einige ist mir heute viel wertvoller als früher. Dabei sind das alles Eigenschaften, die ich schon mal geschenkt bekommen habe. Wie pervers, dass ich sie erst heute wertschätzen kann, obwohl sie mir der liebe Gott und das Leben ja schon mal in die Wiege gelegt haben.

Gut … es ist ja auch normal, dass ein Baby nicht groß „Danke" sagt. Später im Religionsunterricht habe ich dann beigebracht bekommen, dass ich immer für alles „Danke" sagen muss, denn das Leben ist ein Geschenk des Himmels. Nur war der damals verdammt weit weg für mich. Wie sollte ich spüren, was aus dem Himmel kommt. Ich habe das Glück lange im Universum gesucht und habe es auf der Erde nicht gespürt, da, wo es mir ja am nächsten war. Ich stand damals also blind vor meinem Glück. Wie soll man sich auch freuen, wenn es so viel Glück gibt, und wir ja schon alles haben. Deswegen macht mir ein einsames Karussell am Rhein manchmal mehr Spaß als ein ganzer Vergnügungspark.

Hier sind meine Top 10 des Glücks, die ich alle erst genießen durfte, als ich körperlich total zerstört im Bett lag:

1. Dem Tod von der Schippe gesprungen
2. Die richtigen Ärzte gekannt
3. Familie und Freunde gehabt
4. Gut versichert
5. Gesund geblieben
6. Bildung
7. Freude an Bewegung in der Natur
8. Lachen
9. Die richtige Einstellung
10. Die Einsicht, manches nur leben zu können, wenn ich dafür auf anderes verzichte

Natürlich bin ich durch den Unfall physisch ein anderer Mensch geworden. Es geht vieles nicht mehr so wie früher, aber dafür anders und zum Teil mindestens genauso gut. Charakterlich bin ich derselbe geblieben, aber eben einer, der endlich angekommen ist. Das Glück hat für mich heute definitiv einen besseren Geschmack als vorher, weil ich jedes Detail für sich alleine genommen genieße. Das war am Anfang der schon erwähnte Weißbrot-Toast ohne Butter mit Erdbeermarmelade und natürlich jeden Tag ein neues Zucken in den Beinen. Und irgendwann wurde aus einem Zucken mehr, bis ich schließlich aufstehen konnte. Der Prozess ging über Monate und fast schon zu schnell für mich. Demut vor dem Leben lässt sich leider auch wieder verlernen.

Wenn ich heute Momente erlebe, in denen ich mir dunkle Gedanken mache, dann bringt mich die Demut sofort auf den Boden zurück. Ich schlüpfe in Sekundenschnelle in meine Glückspantoffeln zurück. Dafür waren meine Schmerzen, Gott sei Dank, stark genug. Dann lächele ich und schmunzele über mich selbst. Natürlich ist alles in bester Ordnung, denn ich weiß ja, was ich erlebt habe, und was für ein Glückspilz ich bin. Dann blicke ich zurück und fühle es wieder – das Glück, das Leben heißt.

Ich brauchte einen schrecklichen Unfall, um gedanklich mit dem ganz großen Glück aufzuräumen. Das große Glück ist nämlich so groß, dass wir Menschen es gar nicht lange festhalten können, weil es dafür viel zu groß ist. Und wer das große Glück trotzdem festhalten will, der ist auf dem besten Wege, in sein Unglück zu rennen.

Ich plädiere für das kleine Glück, das wahre Glück, das leise Glück. Nur wer gut aufpasst, dem ist vergönnt, es zu erleben. Und aufpassen kann nur, wer Zeit dazu hat und sich die Chance gibt, anzuhalten, innezuhalten. Das kleine Glück kommt auf so leisen Pfoten, dass es der Laute nicht mehr hören kann. Ich war dazu Zeit meines gesunden Lebens nie fähig, denn ich war immer zu schnell unterwegs. Ich vergleiche das mit Bergsteigern: Die Männer wollen immer nur den Gipfel und halten nur an, wenn sie müssen. Frauen wandern ganz anders am Berg. Sie halten viel öfter inne und genießen den Aufstieg. Denn wenn das mit dem Gipfel nicht klappen sollte, dann lag das Glück wenigstens am Wegesrand.

Frauen sagt man nach, sie könnten mit dem Wort Glück mehr anfangen, als Männer. Das mag daran liegen, dass sie emotionaler gestrickt sind und Gefühle zulassen. Auf der anderen Seite sorgen sich viele um ihre Zukunft, weil sie schlechte Erfahrungen aus der Vergangenheit geprägt haben. Doch dabei vergessen sie, dass sie heute leben und nur heute genießen können. Das, so scheint mir, können Männer etwas besser. Es heißt ja auch, Frauen leiden in der Beziehung – Männer erst, wenn sie zu Ende ist.

Jetzt mag sich der eine oder andere Kranke fragen: „Was soll der Quatsch vom Glück, wenn ich hier über meiner Bettpfanne liege?“ Dieser Mensch hat eben genau dieses Glück noch nicht nachempfinden können. Denn Glück kann es auch sein, wenn man nur die Bettpfanne braucht und nicht den Pipi-Beutel.

2. Kapitel: Hilfe! Was wird jetzt aus mir?

Februar 2007, ein trüber, nasser, ein sehr düsterer Monat in meinem Leben – er war bei Weitem nicht der düsterste. Da habe ich schlimmere erlebt. Liebeskummer ist grausamer. Lieber einen Monat gelähmt, als eine Woche entliebt! Trotz alledem – das schlechte Wetter von damals ist mir in Erinnerung geblieben. Bonn im Winter, ein Alptraum in Grau. Dazu kommt die Langeweile in der Nacht, die Unfähigkeit, mehr als 30 Minuten durchzuschlafen. Plötzlich ist es still geworden um den RTL-Reporter. Mein Handy klingelt immer seltener. Wer fragt einen Gelähmten schon gerne: „Wie geht's? Wie steht's? Wie läuft's?" „Beschissen", würde jeder als Antwort erwarten.

Aber es geht mir nicht beschissen. Nur, wer will das schon hören? „Ach, der Markus ... ich finde das toll, wie er sein Schicksal meistert. Nach außen merkt man ihm die Angst gar nicht an." *Oh, my god!* Wenn die wüssten. Ich habe null Komma null Selbstmitleid. Ich muss auch kein Schicksal meistern. Ich komme gut damit zurecht. Andere sind viel schwerer verletzt als ich. Wenn ich Opfer von Mitleid werde, sage ich ihnen: „Ich habe es selbst in der Hand ... mein Leben!" Und ich habe mein Leben auch jetzt, nach dem Unfall, noch immer in der Hand, ich bin immer noch zufrieden, dass es mich überhaupt gibt auf der Welt.

Ich denke heute noch, dass Mitmenschen weniger Mitleid mit dem Rolli-Fahrer empfinden, als vielmehr mit sich selbst: „Oh, mein Gott! Was wäre, wenn mir das passiert wäre?" Ehrlich ... sie sollten einmal sehen, wie Mitmenschen zu einem herabblicken, wenn sie jemanden im Rollstuhl sehen. Ich will doch nur als Mensch akzeptiert werden, auch mit meiner Behinderung. Ich will nicht in den Augen anderer an ein Drama erinnert werden, dass sich so für mich nicht abgespielt hat. Und bitte: Türen kann ich mir immer noch selbst aufmachen. Ich kann auch den Knopf für den Fahrstuhl alleine bedienen – als Rollstuhlfahrer sogar schneller als du. Wetten, dass?

Ich habe im Krankenhaus einiges an Blumen bekommen, 38 Werd-wieder-gesund-Karten und ein halbes Dutzend Stofftierchen. Am meisten aber habe ich mich über den Fresskorb aus der Redaktion „Exclusiv" gefreut. Frauke Ludowig, mit der ich mir in meinen Anfangszeiten bei RTL einen Schreibtisch teilen durfte, hatte mit ihrem Team sowohl mein Bedürfnis als auch den richtigen Ton getroffen: „Komm ganz schnell wieder auf die Füße! Wir alle hier wünschen Dir, dass Du bald wieder gesund wirst und wir wieder mit Dir zusammenarbeiten können!" *Bullseye*, 100 Punkte.

Es gibt einige Kollegen, die haben nie richtig erfahren, was mir zugestoßen ist. Und das ist auch gut so. Ich weiß nicht, wie die reagiert hätten, wenn ich ihnen gesagt hätte, dass ich das Interview telefonisch vom Krankenhausbett aus geführt habe. Aber, klar – die meiste Arbeit in meiner Krankenhauszeit fiel für Heike an. Neben ihren Aufgaben als Mutter meiner Kinder hat sie sich seit meiner Selbstständigkeit im Jahr 2000 zur Chefin in meinem Büro herausgemacht. Sie übernimmt Drehs von mir und arbeitet für ein neues RTL-Format.

Die Firma lief damals also halbwegs weiter. Dazu bekam ich ordentlich Krankenhaustagegeld und hoffte allein schon deshalb, mindestens ein halbes Jahr in der Reha-Klinik trainieren zu dürfen, bis der Arzt nicht mehr käme.

Eine Frage blieb: Was wird aus mir?

Von meinem Krankenhausbett schaue ich auf den bereitgestellten Rollstuhl. Die Reifen sind schlecht aufgepumpt, Schwalbe … beste Marke. Ich denke sofort an meine Rennräder in der Garage. In diesen beschissenen, geliehenen-fahrbaren Untersatz will ich auf keinen Fall hinein. Ich möchte nicht den Rest meines Lebens an einen Rolli gefesselt und zum Teil auf fremde Pflege angewiesen sein. Für den Moment wird es aber nicht anders gehen … „gehen", schon wieder dieses Wort, das so schön, aber für mich noch lange nicht wahr ist.

Ich frage gleich am ersten Montag in meiner Reha in Bonn den Arzt nach seiner Prognose: „Laufen? Kann sein, muss nicht", sagt der. Auch andere schütteln den Kopf: „Das geht im Moment noch nicht. Ihnen fehlt die Stabilität. Abwarten."

Am Po und unterhalb des Bauchnabels spüre ich drei Wochen nach dem Unfall immer noch nichts bis wenig. So merke ich auch nicht mehr, wenn meine Blase voll ist oder der Darm drückt. Das Gefühl ist einfach weg. Neben mir am Bett hängt eine Plastiktüte mit einem Schlauch, und an den Schlauch hänge ich. Der mündet fünf Zentimeter oberhalb meines Gemächts in den Unterleib. Nur wenn der Urinbeutel oder der Schlauch irgendwo hängen bleibt, dann tut's doch richtig weh. Die Blase ist stark entzündet, auch weil sie ja mal fast geplatzt ist nach dem fehlgeschlagenen Blasentraining in der Akutklinik in Feldkirch. Ich schlucke Antibiotika, die Schmerztabletten *Novalgin* und *Tramal* morgens, mittags, abends, dazu weitere Mittel um den Magen vor der ganzen Chemie zu schützen. Abends dann die geliebte Thrombose-Spritze, bei der man sich nach ein paar Wochen schon ganz genau überlegen muss, wo sie reingehen soll. Denn in dieselbe Stelle noch mal zu pieksen, das tut doppelt weh. Vor der Nachtruhe schlucke ich das Muskelrelaxans *Tetrazepam*, zum Einschlafen zusätzlich *Zopiclon*, ein reines Schlafmittel.

Auch meine Füße sind taub und bewegen sich kaum. Sie fühlen sich immer kalt an, selbst wenn sie warm sind. Aber meine Oberschenkel spüre ich! Wenn nur die Hammer-Schmerzen im rechten Unterarm nicht wären. Das sind im Moment definitiv meine größten Schmerzen. Außerdem behindert mich der Fixateur, der meine Hand und meinen Unterarm zusammenhält, bei jeder Verrichtung. Ich kann nicht alleine im Rollstuhl vorwärts-, geschweige denn überhaupt hineinkommen. Wenn es am Morgen nach dem Frühstück um 7.15 Uhr zur ersten Reha-Maßnahme geht, müssen mich zwei Krankenschwestern aus dem Bett heraus aufrichten und in den Rolli hineinheben. Und wehe, ich bleibe dann mit dem Titangestell irgendwo hängen, an der Bettwäsche zum Beispiel oder am Nachttisch. Das zertrümmerte rechte Handgelenk reagiert schon beleidigt, wenn ich ganz leicht gegen die Nägel komme, die von außen in den Unterarm- und Mittelhandknochen geschraubt sind. Nachts wache ich trotz Schlaf- und Beruhigungsmittel ständig auf, weil das Handgelenk jetzt alle drei Stunden so ekelhaft pocht, dass ich erst wieder eindöse, wenn das Opiat *Tramal* einfährt. Ich bin mittlerweile auf 200–250 mg am Tag. Wenigstens hält es meine Laune aufrecht.

Sargnagel Emotionen

Natürlich habe auch ich nach dem Unfall alle negativen Gefühle durchleben dürfen. Aber mich hat keines davon wirklich umgehauen. Ich kannte sie alle schon vorher. Ich bin ein Profi in Emotionen, sowohl im aktiven Erleben als auch in der totalen Gefühlskontrolle. Ich erlebe mich ständig in irgendeinem Gefühlszustand, vergrabe mich bisweilen in einer Traurigkeit, die zum Teil völlig meiner Fantasie entsprungen ist. Ich bin der geborene Melancholiker, ein zu Schwermut, Misstrauen und Kritik neigender Mensch. Anderen mag das depressiv vorkommen. Ich kann mit diesem Wort aber wenig anfangen, weil mich der Ausdruck „melancholisch" einfach mehr kickt. Das sind alles Eigenschaften, mit denen ich mittlerweile bewusst umgehen kann. Wenn wirklich etwas Schlimmes passiert, dann mache ich mir eher Vorwürfe, dass ich meinen geliebten Mitmenschen so etwas angetan habe. Denn ohne meine Leichtfertigkeit wäre es wahrscheinlich gar nicht passiert. Dafür kann man sich immer auf mich verlassen. Wenn ich mich oder dich reingerissen habe, dann muss ich sehen, wie ich das wieder in Ordnung bringe. Wenn ich wirklich muss, bin ich ein Meister der Selbstbeherrschung.

Jeder Mensch hat schwache Momente im Leben. Auch ich habe die ab und zu. Aber ich bin einer, der – bedingt durch seine Persönlichkeit – viele Untiefen seiner Psyche erforschen konnte. Ich war gut gewappnet, als mich die

Querschnittlähmung traf. Und ich wusste durch meine sportliche Vergangenheit, dass kleinere Depressionen hausgemacht sein können. ZumBeispiel, wenn ich zu viel trainiert hatte.

Eine echte Depression ist eine der schlimmsten Krankheiten. Depressiven geht es rein subjektiv schlechter als vielen komplett Gelähmten. Der Körper ist mitunter kerngesund, doch der Geist spielt Russisches Roulette. Traurigkeit lähmt. Sie nimmt dir alle Freunde und Freuden. Heilung ist schwer ... aber klar, sie ist möglich! Nur wird dieses Buch dabei weniger helfen können. Denn Menschen mit Depressionen kennen die Lösung, die da heißt: Zufriedenheit. Aber sie fühlen sie nie. Im Wort „nie" liegt auch der Unterschied zu uns Nichtdepressiven. Depressive sind wirklich über lange, lange Zeit unendlich traurig und wissen nicht warum. Bis heute scheinen Medikamente die stärkste Waffe gegen schwere Depressionen zu sein. Neue Wege zu finden, ist Aufgabe anderer Experten. Sind wir also alle froh, wenn wir halbwegs gesunde Nerven haben.

Deswegen sage ich es schon hier: Wer für ein Ziel hart trainiert, wer alles seiner Gesundheit unterordnet, um wieder hochzukommen, der wird auch immer wieder Phasen der Niedergeschlagenheit erleben. Früher war es mein Ziel, gute Leistung im Wettkampf zu bringen, in meinem Rahmen als Amateur-Sportler das Optimum auszuloten. Der Aufwand dafür war zu Beginn des Trainings klar. So! Warum erzähle ich das wieder? Weil ich dafür manchmal so viel trainiert habe, dass meine Leistungskurve irgendwann nach unten ging. Das war mitunter sogar gewollt, weil ich dann zwei Wochen vor dem Wettkampf noch mal einen ganz starken Trainingsreiz setzen konnte, der mir für den Tag X den letzten Schliff gegeben hat. Das Problem war, dass ich mich in dieser Zeit vor Müdigkeit im Kopf oft so schwach gefühlt habe, dass Selbstzweifel kamen: „Oje! Vielleicht war das doch alles nicht so gut?" Der Körper tut weh. Die Glieder sind schwer. Dunkle Gedanken überschwemmen meinen Hypothalamus, das Gefühlszentrum des Gehirns. Das ist alles normal. Und es ist genau die Situation, in der sich jeder Schwerverletzte befindet, wenn er eigentlich weiter Gas geben sollte, um wieder auf die Beine zu kommen. Der Stress, den die Krankheit zusätzlich noch verursacht, schafft schnell Situationen der physischen und psychischen Überforderung. Solche Tiefs sind normal. Müdigkeit und Unzufriedenheit sind oft nur hormonelle Dysbalancen.

Nach sehr anstrengendem Training schüttet der Körper Hormone aus, die Sie in einen Erschöpfungszustand bringen und manchmal auch traurig machen. Der Körper nimmt sich jetzt die Ruhe, die er nötig hat. Er macht Sie traurig, damit Sie lustlos werden und sich endlich hinlegen. Diesen Zustand nennen Sportler „Übertraining". Dabei lässt sich auf der untersten Stufe des Übertrainings immer noch gut trainieren. Ist man erst mal wieder dran, fluppt es plötzlich doch: „Wie gut, dass ich mich überwinden konnte!"

Hochleistungssportler trainieren sehr häufig im unteren Bereich des Übertrainings, wenn auch nur bis zu einem gewissen Grad. Auch Hochleistungssportler müssen sich ja mal hinlegen und ausruhen. Manche umgehen das mit Dopingmitteln, was schwere Gesundheitsprobleme nach sich ziehen kann und natürlich höchst unsportlich ist. Die fairen Sportler engagieren Mentaltrainer, die ihnen beibringen sollen, wie sie positiv denken lernen, wie sie sich nicht lähmen lassen von der Erschöpfung, wie sie Leistung bringen, obwohl der Kopf gerade ganz anders drauf ist. Und nicht nur Sport allein macht müde, auch das tägliche Leben ist manchmal ein Marathon. Wer dabei trotzdem positiv denkt, kann mehr bewegen, weil er keine Kraft durch traurige Gedanken vergeudet. Schade, dass sich nicht jeder einen Mentaltrainer leisten kann. Es wird also immer schwierig bleiben, beim Aufbautraining sein Optimum abzuliefern und nicht übers Ziel hinauszuschießen. Kleine Depressionen stellen sich zwangsläufig ein, wenn man ein großes Ziel verfolgt.

Manche Menschen können mit dem körperlichen Gefühl der Schwäche nicht umgehen. Das sind Menschen, die als Gesunde perfekt funktioniert haben, und die es jetzt total zerlegt hat, auch mental. Diese Menschen werden von Emotionen wie Angst mit voller Wucht getroffen. Sie verlieren ihre so geliebte Kontrolle, das, was sie sonst so ausgezeichnet hat. Weil ihnen das auch bewusst ist, drehen sie durch … rein innerlich gesehen. Versuchen Sie mal, so einem Menschen zu sagen: „Es ist gut, dass du traurig bist! Du hast ja viel trainiert." Der guckt dich dann mit versteinertem Gesicht an und versteht die Therapie nicht mehr.

Es gibt natürlich auch andere Dinge, die Energie rauben, traurig machen. Aber das sind Dinge, die oft noch nicht einmal Sie selbst genau kennen, geschweige denn ausdrücken können. Dinge, bei denen andere oft abwinken und sagen würden: „Was willst du überhaupt? Dir geht es doch im Moment ganz gut." Und obwohl Sie das wissen, bleibt die Traurigkeit und will nicht weggehen. Und was sage ich dazu? Egal! Da müssen Sie durch, und da werden Sie auch durchkommen. Es handelt sich hierbei um Ihre ganz eigenen Untiefen, die mehr oder weniger komplett Ihrer Fantasie entsprungen sind. Ihre Launen sind Launen der Natur, die rein physiologisch von Hormonen ausgelöst werden. Also … Rheinisches Gesetz Artikel 6 : „Bruuche mer nit, fott domett".

Wer schlapp ist, weil er zu viel trainiert hat, dem gebührt mein Respekt. Denn er hat meine Nachricht verstanden. Traurig durch Training, beides in gesundem Rahmen, das ist absolut normal. Aber jede andere Niedergeschlagenheit dürfte es jetzt eigentlich nicht geben. Das sind alles kontraproduktive Hirngespinste. Sie lähmen nur, stehen in keiner Weise mit dem Auftrag „Gesund werden" in Zusammenhang.

Wenn Ihre Emotionen Sie also lähmen und Sie nicht wissen, wie Sie da wieder rauskommen können, dann nehmen Sie alles einfach an. Es ist normal, mal traurig zu sein. Voilà! Mehr ist es nicht. Genießen Sie Ihren Tag trotzdem. Von mir aus pflegen und suhlen Sie sich in Ihrer Traurigkeit. In Wahrheit sind Sie müde, wenn nicht durch körperliche Erschöpfung, dann eben durch Gedankensport, eine Disziplin, die Sie ja scheinbar sehr lieben. „Ich jage meine Gedanken, bis ich müde bin." Ok. Wenn das Ihre Alternative zum Sport ist, nur zu! Trotzdem, bei aller Traurigkeit – es ist immer noch alles in Ordnung. Sie leben! Wenn Sie morgen oder spätestens übermorgen aufwachen, dann sieht die Welt mit Sicherheit wieder anders aus, so wie Ihr Hormonspiegel.

Alles Kopfsache

Ich würde lügen, wenn ich behauptete, ich wäre ein ewiger Sonnenschein. Heute ist so ein Tag. Ich schreibe an meinen letzten Seiten. In 24 Tagen ist Endabgabe dieses Manuskripts. Nur – kein Autor hat sein Buch beendet, wenn es der Verlag bestellt. Denn er weiß: Da kommen immer noch neue Wünsche. Schulterklopfen überall, aber die Arbeit, die hast du! Also Hosen runter: Während ich diese Zeilen schreibe, liegen noch 120 (!) Seiten ungetippt in meiner Großhirnschale. Das Konzept und alles dazu steht zwar. Aber die rechercheintensiven Kapitel habe ich mir aber offen gelassen. Fünf Seiten am Tag, das sollte doch zu schaffen sein. Wenn da bloß nicht der ganze Rest noch wäre! Zwei Drehs in dieser Woche für RTL, bis nächste Woche muss ich zusätzlich noch ein Konzept für eine Unterhaltungsshow ausarbeiten, die dem ZDF angeboten werden soll. Meine Kinder maulen auch schon. Die Sommerferien drohen.

In zwölf Tagen wird mein geliebter Vater 80. Gesundheitlich geht es ihm nicht gut, die Leukämie, das Alter, die Knochen. Außerdem fahre ich im Moment auf dem letzten Ritzel, denn meinen Urlaub im Juni musste ich ausfallen lassen. Trainieren kann ich auch zu wenig. Das macht mich unzufrieden. Es ist heiß, ich schlafe schlecht.

Eine sich anbahnende Beziehung hat sich schon kurz vor der Phase gegenseitiger Vorwürfe aufgelöst. Welche Frau akzeptiert am Anfang einer Beziehung, dann, wenn die Verliebtheit am größten sein sollte, dass sie mich nur ein, maximal zwei Mal die Woche zu sehen bekommt? Und dass sie im Moment noch nicht die Nummer eins in meinem Leben ist? Es endete mit einer sehr bedrückenden Zerredung, bei der jeder bemüht war, den Schwarzen Peter so weit wie möglich von seinem eigenen Herzen wegzuschieben. Und trotzdem bin ich mit ihm schlafen gegangen.

Ich sitze im Zug nach München, tippe schlecht gelaunt in die Tasten meines Laptops und habe gerade einen Mitreisenden zur Minna gemacht. Er telefoniert und teilt seinem Zuhörer am anderen Ende der Leitung vollkommen Unwichtiges lauthals mit – und leider allen anderen im Abteil auch. Wie rücksichtslos! Der gehört abgestraft. Und obwohl das ein paar Minuten her ist, er ein Einsehen hatte und zwei ältere Damen sich nickend zu mir umgedreht haben, verdunkelt die schlechte Laune immer noch meine Gedanken.

Wie ich sie hasse, wenn ich sie nicht loslassen kann. Ich leide gerade öffentlich, übertrieben, bin eine Dramaqueen sondergleichen. Ich glaube nicht mal mehr an den Schwarzen Peter. Ich bin heute nur noch der arme Geißen-Peter, der seine Tierchen zusammenhalten muss. Kurz: Es gibt keine Garantie auf gute Tage, auch wenn wir sie uns noch so sehr verdient hätten. Jeder Tag ist grundsätzlich gut. Nur ersticken die vielen Pläne, Aufgaben und Probleme jede aufkommende Zufriedenheit schon in Keim. Wenn dann noch die Tagesform nicht stimmt, sitzt mir im Zug ein laut trompetender Elefant gegenüber. Doch meist haben wir selbst unseren Schwarzen Peter in der Hand.

Gerade in der Krankheit hilft es, sich und seine Verhaltensmuster zu kennen. Es ist nicht alles logisch, was vom Kopf her kommt. Da sind viele Emotionen dabei, die die Realität verwischen können. Wir können doch nicht logisch eins und zwei zusammenzählen, aber insgeheim auf Sex hoffen. So was kann nur schiefgehen, passiert aber ständig.

Jetzt wird es einigen schwerfallen, zu beurteilen, ob das, was das Gehirn will, überhaupt das Richtige ist. Unsere Gefühle schießen gern mal quer und verdrehen die Optik. Logik sagt: „Tue was, dann geht's Dir besser." Emotion sagt: „Leck mich am A…, mir geht's beschi…!"

Wer gesund werden will, muss sich selbst überwinden, seine Ängste verarbeiten und ablegen können, damit im Kopf wieder mehr Kraft zur Verfügung steht. Wir dürfen uns keine Fehler mehr erlauben. Dazu müssen wir aber erst lernen, wer wir sind und – vor allem – warum. Der berühmteste Psychologe der Welt, Sigmund Freud, hat unseren psychischen Apparat in drei Ebenen unterteilt, in: Unser „Es" – die Triebe, unser „Ich" – den Teil, der für alle sichtbar ist, und das „Über-Ich" – unsere Moral. Das Über-Ich beginnt uns früh zu leiten, als Kinder schon. Und irgendwann kann es nicht mehr unterscheiden, ob es das, was es will, nur will, weil es das will, oder ob das wirklich mit gesundem Sachverstand einhergeht. Liebe ist das beste Beispiel für unsere inneren Gegensätze. Wer liebt, dem ist jede Ratio oft relativ schnuppe. Allen anderen mag schon längst klar sein, dass diese Liebesbeziehung niemals gut gehen kann. Mitunter wissen viele schon, dass er längst mit 'ner anderen ins Bett geht, oder dass sie bereits beim Anwalt war. Aber danach ist das Geschrei umso lauter!

So! Natürlich gehen viele Patienten mit diesen Problemen früher oder später zum Psycho-Doc. Aber heute wissen wir, dass Psychotherapie gar keine wirksame Therapie ist. Niemand auf der Welt kann vor seiner Persönlichkeit geschützt werden. Niemand kann ernsthaft behaupten, dass Sie Ihren Charakter verändern können. Sie sind, wie Sie sind und werden das immer bleiben. Aber wäre es nicht einfach nur schön, zu wissen, warum Sie so sind, und warum Sie immer wieder gleich reagieren? Wer das weiß, hat den AN-AUS-Schalter in der Hand. Erst jetzt können Sie auch mal „Nein" sagen, weil Sie wissen, Ihr Verstand ist Ihnen diesmal eine Kopfeslänge voraus.

Gedanken-Kontrolle

Gedanken gibt es so viele wie Sterne im Universum. Die meisten sind kurze Flashs im Gehirn. Nur Momente, die schnell zugeflogen sind. Zu unwichtig, um sie festzuhalten. Das sind Gedanken, die mir keine Angst machen. Schwerer wiegen Gedanken, die zur fixen Idee werden, die sich nicht mehr wegdenken lassen, die wir nicht vergessen können. Das sind Gedanken, die aus den gesammelten Erfahrungen des Menschen heraus entstanden sind, und die wir uns jetzt zu eigen machen. Sie können die Wirklichkeit verändern, indem sie uns zum Handeln verleiten. Was aber, wenn der Gedanke Blödsinn war, weil er aus der puren Emotion heraus entstanden ist? Dann haben wir den Salat. Ein Blick hinaus in die Welt zeigt doch, wie viel Unsinn immer noch gedacht und leider auch umgesetzt wird. Fast jeder, der davon hört, schüttelt den Kopf. Allein die Tatsache, dass viele Staaten in der Welt so viel Schulden gemacht haben und sie jetzt nicht mehr zurückzahlen können. Sogar und vor allem die USA! Und alle haben's gewusst und zugeschaut. Natürlich ist jeder pleite, der nicht mal mehr seine Zinsen zahlen kann. Das erzählt der Peter Zwegat jedem, der RTL einschaltet: „Raus aus den Schulden!" Dabei druckt die ganze Welt Geld nach. Der kleine Mann wundert sich immer noch, wo es geblieben ist. Dabei sollte er es doch wissen! Es kommt sogar in den Nachrichten, denn Haushaltsdefizite sind öffentlich. Jeder Krieg in dieser Welt ist komplizierter aufgebaut. Sind die einen oder die anderen schuld? Das ist mitunter schwer zu sagen. Aber bei der Finanzkrise?

Wer um Gottes willen hat diese Menschen geritten, dass sie sich so einen Mist ausdenken? Nur die reine Gier! Reine Emotionen! Friedrich Nietzsche hat mal gesagt, dass Gedanken die Schatten unserer Gefühle darstellen, „immer dunkler, leerer, einfacher als diese". Der berühmte deutsche Philosoph ging davon aus, dass Emotionen unsere Gedanken eher negativ beeinflussen, sie eintrüben, die Lage zu sehr vereinfachen, denn letztendlich gibt der Gedanke nur ein einfaches Bild unserer Gefühle wieder.

Es gilt also: Weg vom Gedanken! Hin zum Denken! Und das schließt Emotionen aus. Richtige Entscheidungen kann nur treffen, wer das Maximum an Informationen vollkommen sachlich, also emotionslos, zu bewerten weiß. Nur, wer kann das schon? Den Mangel an Sachkenntnis dafür auch noch mit Emotionen auffüllen zu wollen, so etwas geht in Richtung Suizid.

Jetzt findet sich aber jeder Kranke am Anfang genau in dieser Situation wieder: Wenig Informationen über sich und die Krankheit, dafür jede Menge Gedanken. „Schatten der Gefühle", denn das eine bedingt ja sogar das andere. Wenn ich wenig weiß, gehen die Gedanken in alle Richtungen. Das Gehirn kann auch gar nicht anders. Wie kaum ein anderes Organ macht es, was es will, ohne dass wir es beeinflussen könnten.

Wenn ich Ihnen jetzt verbiete, an weiße Mäuse zu denken, dann erreiche ich damit genau das Gegenteil: Der Himmel ist plötzlich voll davon. Das Schlimmste in dieser Situation wäre dann noch, sich zu ärgern, weil ich Ihnen doch gerade verboten hatte, an weiße Mäuse zu denken. Dann wird alles noch viel schlimmer! Und ich bin sicher, wenn wir das jetzt hier weiter durchziehen, dann glauben Sie mir irgendwann auch, dass weiße Mäuse töten können. Nun – es sind nur seine Gedanken, die den Selbstmörder antreiben.

Also muss bei Krankheit gelten: „Jedanken kenne mer nit, bruuche mer nit, fott domett! Wat soll dä Quatsch?"

Viel mehr Sinn sehe ich darin, seine Gedanken so unter Kontrolle zu bringen, dass sich endlich wieder damit arbeiten lässt. Nur positive Gedanken bringen mich vorwärts. Negative Gedanken helfen lediglich bei Vermeidungstaktiken. Ansonsten hemmen sie meinen Willen, gesund zu werden. Warum? Weil sie einfach Kraft wegsaugen. Das bedeutet im Umkehrschluss, dass ich unglaublich viel Kraft zu Verfügung habe, wenn ich mich komplett von allen negativen Gedanken und Ängsten, ja sogar von meinen Emotionen befreie. Das sind alles Gedanken, die man nicht braucht und die niemals das beschreiben und antizipieren können, was wirklich passieren wird. Wer kennt schon sein Schicksal so genau? Es kommt eh und dann fast immer anders, als man denkt.

Ich habe beschrieben, warum ich Gedanken und Emotionen in der Reha gar nicht brauchen kann. Die Schwierigkeit ist, die Kontrolle über sich und seine Gedanken zurückzuerlangen, die „weißen Mäuse" auszublenden. Dazu gibt es Taktiken. Sie ähneln denen, einen Ohrwurm aus dem Kopf zu bekommen. Der Ohrwurm kommt und geht nicht einfach so weg, nur weil wir das wollen. Er ist von unseren Empfindungen abhängig. So fangen wir meist genau dann an, fröhlich mitzusingen, wenn wir mit uns alleine beschäftigt sind. Bleiben Reize im Gehirn aus, legt es seine eigene Platte auf und zwingt uns, mitzuhören. So kommt der Ohrwurm nie, wenn der Kopf über mathematischen Funktionen hängt oder während ich diese Zeilen schreibe. Er schleicht sich ins Ohr beim Autofahren, beim Putzen oder beim Nichtstun. Oft haben wir das Lied im Vorbeigehen aufgeschnappt, dessen Ende aber nicht gehört. Jetzt singt das Gehirn weiter und sucht das Ende eigenständig. Wenn es das aber nicht mehr genau kennt oder kennen will, läuft Ihre Endlosschleife mit dem Chorus stundenlang weiter: *I'm a barbiegirl, in the barbieworld. Life in plastic, it's fantastic! You can brush my hair, undress me everywhere. Imagination, life is your creation.* (Aqua, 1997, Platin in sieben Ländern, in Frankreich mit über 750.000 Verkauften sogar Diamant) Ein Horror-Ohrwurm! Ich denke, spätestens jetzt verstehen Sie, was ich mit der Frage nach dem „Chef" in Ihrer Birne meine. Sind Sie der Chef? Lächerlich, Sie sind immer nur Sklave, entweder Ken oder Barbie.

Ein Mittel gegen den Ohrwurm soll sein, ein anderes Lied zu singen, also mitunter einen neuen Ohrwurm. Aber auch das klappt nicht immer. Ebenfalls aussichtslos ist, sich noch stärker auf den Ohrwurm zu konzentrieren. Wer ihn bewusst verdrängen will, erreicht genau das Gegenteil: Der Ohrwurm wird zum Bandwurm. Ich persönlich nehme so einen manchmal sogar zum Schlafen mit ins Bett – und wehe, ich wache auf! Dann scheppert es immer noch ... *Last night a DJ saved my live ... from a broken heart.*

So! Und ähnlich funktioniert es mit Ihren Gedanken. Sie lassen sich schwer ausblenden, denn sie sind immer da. Je mehr wir uns über sie ärgern, desto präsenter werden sie. Natürlich hilft es, einen Gedanken gegen einen neuen auszutauschen. Aber dann sind wir immer noch von bloßen

Gedanken bestimmt. Also empfehle ich einfach wieder, alles zuzulassen. Akzeptieren Sie Ihre Gedanken, aber nehmen Sie sie nicht so wichtig. Gesund werden Sie nur aufgrund von wohl überlegten Entscheidungen, die auf Fakten beruhen. Summen Sie Ihr Lied weiter, aber halten Sie an der Ampel an, wenn sie rot ist. Immer! Auch wenn Sie es eilig haben! Keiner wird mehr böse sein, wenn Sie noch später kommen. Zu spät sind Sie ja eh schon.

Eine Taktik gegen Angst

Angst habe ich immer zu wenig. Ich bin ein leichtfertiger Mensch. Das hat viele Vorteile, aber auch einige lebensbedrohliche Nachteile. Doch hätte ich letztendlich mehr Angst gehabt, wäre dieses Buch nicht entstanden. Es gibt große Unterschiede, wenn Situationen als bedrohlich empfunden werden. Die einen sorgen sich schneller, andere strecken dann erst recht den Stinkefinger raus. Beides kann ungesund sein.

Sigmund Freud kennt drei Ursachen der Angst:

Die **Realangst** stellt sich bei äußerer Bedrohung ein, soll Gefahren anzeigen. Die natürlichen Reaktionen darauf sind Flucht, Ausweichen vor der Situation, Panik, Wut und Aggression. Dazu gehört auch die

Vitalangst, die sich ganz konkret bei einem sich anbahnenden Herzinfarkt einstellt. Das Ausmaß der Realangst ist auch von Faktoren wie der körperlichen und geistigen Verfassung, der Persönlichkeit und Reaktionsbereitschaft, der Widerstandskraft und den frühkindlichen Angsterfahrungen abhängig. Angst erhöht die Anpassungsfähigkeit. Wir lernen daraus. Sie kann aber auch hemmen und bei zu großer Intensität zu übertriebenen Reaktionen und selbstschädigendem Verhalten führen.

Kranke haben vor allem **neurotische Angst**. Es ist die

Angst vor dem Unbekannten. Was wird jetzt aus mir? Wir denken an frühere Gefahrensituationen und sorgen uns um die Zukunft. Ein völlig unrealer Gedanke, denn keiner von uns kann wirklich wahrsagen. Neurotische Angst ist triebbedingt und kommt unbewusst. Deswegen wollen wir sie sofort lösen, wenn wir sie wahrnehmen. Bitte geh weg von mir, sofort! Weil das aber nicht immer so schnell möglich ist, ärgern wir uns zusätzlich noch über die Angst, reagieren nicht selten mit Schuldgefühlen. Das ist doppelt krank! Denn dann bewegen wir uns schon in der moralischen Angst. Wer krank ist und 'nen Moralischen bekommt, der ist 'ne ganz arme Sau.

Einfaches Beispiel von heute: Ich wollte die Mülleimer in der Wohnung auswaschen. Nach ein paar lecken Mülltüten hat sich unten am Boden Schimmel und sonstiges Zeug eingenistet, das ich bei anderen schon unter dem Bett entdecken musste. Ich finde das auch sehr eklig. Als ich dann auf der Terrasse alles rauskratzen will, fällt mir nur ein welkes Blatt auf dem Boden in die Hand. Ich versuche damit, den Boden sauber zu wischen, ohne dass meine Hand den Eimer berührt. Natürlich zerbröselt das welke Blatt sofort, Gott sei Dank ohne Hautkontakt zum Eimer. Ich, Hein Blöd, zurück ins Bad an die Klopapierrolle. Schon auf dem Weg verschlimmert sich mein Ekel. Ich denke mir: Was bist du für ein Vollidiot?! Erst das mit dem welken Blatt, und jetzt mache ich mir noch Sorgen, dass ich mit Schimmel und Bakterien in Berührung kommen könnte. Dann fällt mir plötzlich auch noch ein, dass alles nur davon herrührt, dass meine Mutter eine Sauberkeitsfanatikerin ist, bei der es Schimmel nur auf dem Käse geben darf. Also eine Erziehungsgeschichte womöglich? Jetzt weiß ich gar nicht mehr richtig, was gut oder schlecht ist. Ist das nicht alles krank???

Grundsätzlich ist es ja gut, seine Ängste und Phobien zu kennen. Die Evolution hat gut daran getan, unsere

Sinne mit ihnen zu schärfen. Denn sie sind ein lohnendes Geschäft. Der Energieaufwand zur Vermeidung einer Gefahrensituation ist sehr gering. Im Zweifelsfall rennt man eben weg und entgeht der Gefahr durch Flucht. Wenn wir sie nicht erkannt hätten, wären wir mitunter dabei draufgegangen! Doch die Alarmanlage Angst ist so sensibel eingestellt, dass sie relativ früh laut losgeht. In 90 Prozent der Fälle ist die Kavallerie aber vergeblich ausgeritten.

Wenn Sie jedoch im Karren erst mal gegen die Wand gefahren sind, wenn Sie krank sind, dann ist Angst, etwa vor der Zukunft, genau das Falsche. Ich erzähle hier nicht von Wundern. Die gibt es nicht. Aber es gibt wundervolle Heilungen, wenn jemand das Wundervolle in sich entdeckt hat. Das ist das genaue Gegenteil von Angst, die Zuversicht! Niemand hoppelt plötzlich wieder aus dem Bett. Bis er das kann, muss eine lange To-Do-Liste abgearbeitet werden. Wenn sich einer dann endlich hochgerappelt hat, bleiben mitunter tiefe Narben am Körper und in der Seele. Das ist auch ganz gut so. Sie behüten uns davor, die gleichen Fehler wieder zu machen. Basta! Das muss der Sinn der Angst in der Reha-Phase und danach sein, mehr nicht. Angst schützt vor Fehlern.

Wie aber lernen wir unsere Angst kennen? Es sind nicht unbedingt die Situationen, die sie bestimmen. Angst hängt auch von der Tagesform und Umgebung ab. Rein körperlich spielt sich immer dasselbe ab: Unsere Sinne schärfen sich, die Pupillen werden groß, Seh- und Hörnerven empfindlicher. Die Muskeln sind angespannt. Unsere Reaktionsgeschwindigkeit erhöht sich, Herzfrequenz und Blutdruck steigen. Wir atmen flacher und schneller in die Brust. In den Muskeln steht Zucker zur Verbrennung und schnelleren Energiegewinnung bereit. Körperliche Reaktionen wie Schwitzen, Zittern und Schwindelgefühl kommen mitunter dazu. Blasen-, Darm- und Magentätigkeit werden während des Zustands der Angst gehemmt. Übelkeit und Atemnot treten in manchen Fällen ebenfalls auf. Außerdem werden im Schweiß Moleküle abgesondert, die nach Angst riechen. Dadurch werden auch Mitmenschen unterbewusst in Alarmbereitschaft versetzt. Die körperlichen Reaktionen auf Angst sind dann dieselben, unabhängig davon, ob die Bedrohung real ist, oder ob es sich nur um eine Panikattacke handelt. Jeder vierte Patient mit Angststörung erfährt die oben beschriebenen Reaktionen fast ständig. Wahnsinn! Stellen Sie sich das mal vor: Unter chronischen Schmerzen leiden zu müssen, nur weil man zu viel Angst hat!

Wenn Sie sich und Ihre Ängste kennen, dann lassen Sie sich nicht immer so schnell von ihnen leiten. Lassen Sie nicht zu, dass jede Angst Ihr Tun bestimmt. Natürlich kann Ihr Tun ein Fehler sein. Aber das wissen Sie ja erst hinterher. Und erst dann bekommt Angst, wie oben schon beschrieben, einen Sinn. Also: Angst, denselben Fehler wieder zu begehen: Daumen hoch! Angst aus allen anderen Gründen: Daumen runter!

Sargnagel Gleichgültigkeit

Ein schwieriges Kapitel ... Wie soll ich Menschen motivieren, ihre eigene Gleichgültigkeit abzulegen? Die wirklich Faulen haben mein Buch wahrscheinlich längst unterm Bett verschwinden lassen. Da liegt es nun, verstaubt zwischen Taschentüchern, Essensresten und leeren Verpackungen. Hätten Sie wenigstens das Vorwort gelesen, dann hätten Sie's noch umtauschen können. Wenn bloß nicht wieder die Suche nach dem Kassenbon wäre. 19,99 Euro für nix ausgegeben. Wer hebt schon den Kassenbon für ein Buch auf? Das machen doch nur Pfennigfuchser wie ich, eine aussterbende Rasse. Oder haben Sie schon mal vom „Centfuchser" gehört? Eben ...

Ein häufiger Fehler ist, Gleichgültigkeit mit Gelassenheit zu verwechseln. Während der Gleichgültige einfach wenig wahrnimmt und fühlt, kann das der Gelassene sehr wohl. Der hat es geschafft, Abstand zu seinen Gedanken oder Emotionen zu gewinnen. Dem Gelassenen ist es quasi gelungen, sich selbst und sein Tun von außen zu betrachten, den AN-AUS-Schalter bewusst zu bedienen. Loslassen heißt nicht ignorieren. Die Fähigkeit, einfach cool zu bleiben, auch wenn neben dir die Welt zusammenbricht, ist eine Gabe. Ich selbst beherrsche sie, wenn es um Leben und Tod geht – bei einfacheren Aufgaben und Hürden, die mir das Leben in den Weg stellt, leider nicht immer. Aber, ich arbeite dran. Denn was der Gleichgültige zu wenig hat, das habe ich zu viel. Mann! Was kann ich mich manchmal aufregen, bewusst, gezielt und nicht selten übertrieben.

Aber ein gleichgültiger Mensch hat keine eigene Meinung. Wir erkennen ihn an seiner Unschlüssigkeit. Wir fragen etwas, und er antwortet mit „Ich weiß nicht", mit „wenn du meinst", mit „ist mir egal" oder – noch schlimmer – er antwortet gar nicht. Sich mit Gegebenheiten und Ereignissen abzufinden, ohne sich dafür zu interessieren oder zu einem eigenen Urteil darüber zu kommen, das kann ich absolut nicht verstehen. Diese Menschen bekommen nur wenig mit. Sie nehmen nur wahr, was sie wirklich interessiert. Alles andere geht ihnen am Arsch vorbei. Und da könnte wahrscheinlich nicht nur ich an die Decke gehen, vor allem wenn es um das Thema geht „Gesund werden, sein und bleiben".

Es kann doch nicht sein, dass ein Kranker ständig über seinen eigenen Zustand stöhnt und dennoch alle Ratschläge in den Wind schießt, weil sie mit zu viel Eigeninitiative verbunden sind. Trotzdem erwartet er, geheilt zu werden – aber von anderen. Wenn ich hier aufzählen würde, wer mir in den letzten Jahren wertvolle Zeit und Kraft gestohlen hat, die ich lieber anders oder in andere investiert hätte – ich käme aus dem Fluchen gar nicht mehr heraus. Und das kann nicht nur an meiner direkten Art gelegen haben. Sie schreiben dich über Facebook oder per Mail an, wollen wissen, wie du es geschafft hast, wieder auf die Beine zu kommen. Sie rufen dich an, sonntags oder nach 21.00 Uhr, beim Einchecken am Flughafen oder den Hausaufgaben der Kinder, zur Mittags- oder Reha-Zeit, im Urlaub und während Interviews. Für eine Telefonberatung habe ich bis heute noch nie etwas verlangt, außer Einsicht. Und dann bietest du ihnen an, später noch mal in Ruhe über alles zu sprechen oder mich doch lieber mal am Tag zu kontaktieren. Aber sie wollen es schriftlich haben. Und wenn du dann sagst, dass du den Kindern gerade

Essen kochst und dein Tag nur 24 Stunden hat, dann werden sie auch noch pampig. Da weiß ich im Prinzip schon, dass sie sich nie mehr bei mir melden werden.

Ausgenommen von meiner Kritik an allen „Egalos" sind Menschen, die an psychischen Erkrankungen leiden. Bei manchen Formen der Schizophrenie, bei Menschen mit kognitiver Behinderung, bei misshandelten Kindern, bei Menschen mit psychischem Hospitalismus gehört Gleichgültigkeit mitunter zum Krankheitsbild. Wenn der Körper streikt und man nicht zu weiteren geistigen Anstrengungen fähig ist, dann versinkt der Mensch oft in Apathie. Das habe ich bei Kranken schon erlebt. Ist eine Verletzung besonders schwer, brechen sie komplett in sich zusammen. Sie können das alles nicht mehr verarbeiten. Hier hilft nur die 1:1-Lebenshilfe. Solche Menschen muss man im wahrsten Sinne des Wortes an die Hand nehmen und ihnen zu allererst Lebensmut, Selbstbewusstsein und Kraft zurückgeben. Nur dann können sie der Todesspirale „Gleichgültigkeit" entkommen.

Der Soziologe Wolfgang Sofsky lehrte bis zum Jahr 2000 Soziologie in Göttingen. Er hat den Zustand der Gleichgültigkeit treffend beschrieben:

„Im seltenen Extremfall nistet sich die Gleichgültigkeit im Körper ein. Die Nerven sind wie betäubt, die Farben verblassen, sogar die Nah-Sinne der Haut und des Geschmacks scheinen abgeschaltet. Die Welt erscheint wie hinter Milchglas. Die Haut fühlt sich pelzig an, hier und da ein leises Kribbeln, das sofort wieder verfliegt. Kaum etwas dringt in das Sinnenfeld ein. Der Gleichgültige fühlt sich erschöpft, müde, schläfrig. Er ist nicht ganz in der Welt. Sonnenlicht blendet ihn nicht, Kälte schneidet nicht mehr in die Haut ein. Die Worte der anderen verklingen im Hintergrund."

(10. November 2007, *Neue Zürcher Zeitung*, Titel: „Am Nullpunkt des Sozialen").

Hoffen wir also, dass Sie weder zu den chronisch kranken Egalos noch zu den chronischen Egalos an sich gehören. Leider tragen eine Menge Menschen als Haupteigenschaft das Prädikat „gleichgültig". Leider ist das auch ihre Hauptleidenschaft. Sonst würden sie uns nicht so oft auffallen. Ein Beispiel: Als während meiner Wehrdienstzeit Freiwillige vortreten sollten, sind die Egoträgen sinnbildlich freiwillig einen Schritt zurückgetreten, damit die Freiwilligen vortreten konnten. Ich habe mich nicht unbedingt darum geschlagen, dem Ausbilder beim Aufbau des Schießstandes zu helfen. Aber wenn sich vom 30 Mann starken Zug zwei, drei Kameraden neben mir gemeldet haben, dann standen da vorne immer dieselben Pappnasen. Fair wäre gewesen, wenn wir danach wenigstens privilegiert behandelt worden wären. Nichts dergleichen: Weil der Zugführer unsere Namen schneller drauf hatte, wurden wir 1. fast immer eingeteilt und 2. schneller zu Strafen des Kollektivs herangezogen, wenn ein paar aus unserem Zug etwas ausgefressen hatten. Glauben Sie nicht, dass mir mein engagiertes Handeln irgendwelche Sympathien bei den anderen Soldaten eingebracht hätte. Im Gegenteil: Wir, diese Streber da, gelten in Wahrheit nur als die Deppen der Kompanie. „Die erhöhen doch nur die Schlagzahl für uns." Rudern wir etwa noch auf Galeeren, oder was?

So direkt sagt dir das aber keiner. Faule verstecken sich gerne hinter ihrer scheinbaren Friedfertigkeit. Sie scheuen Konflikte. Und wenn es um eine Entscheidung geht, dann warten sie lieber ab, bis ein anderer die Entscheidung trifft und damit womöglich auch noch auf die Schnauze fällt. Das mag während der industriellen Revolution Mitte des 19. Jahrhunderts eine tolle Überlebensstrategie gewesen sein, zu einer Zeit, als viel Arbeit verteilt wurde, und es dafür wenig zu essen gab. Heute, in Zeiten von Staatsbankrott und Wegfall von Sozialleistungen, wird Faulheit immer häufiger bestraft. Und nur unserem maroden Gesundheitssystem ist es zu verdanken, dass die Trägen unter den Kranken so gut überleben können. Denn um Geld mit ihnen zu verdienen, dazu taugen die noch allemal. Gesund macht das aber nur die Industrie.

Wer aus Faulheit eine Tugend macht, Faule Socke heißt und sich am liebsten zu den arbeitslosen Arbeitslosen zählt, der bekommt noch vieles, Hartz IV zum Beispiel. Nur ernsthaft krank werden darf er nicht. Schlaganfall, Querschnittlähmung, Krebs überlebt nur derjenige, der sich jeden Tag seiner Situation bewusst und auch bereit ist, sie zu ändern.

Herzlichen Glückwunsch, liebe Leser! Sie gehören nicht dazu. Sie lesen immer noch weiter. Ich bin zuversichtlich, dass Sie auch die zweite Hälfte dieses Buches lesen werden. Jedoch ... ich muss Sie warnen, auch wenn Sie sicher nicht zu den ewig Egoträgen gehören. Den Sargnagel Faulheit habe ich manchmal täglich in der Hand. Ja, auch das Großmaul Holubek kennt seinen inneren Schweinehund. Er kann schon morgens nach dem Aufstehen heulen: „Müde ... heute mal nicht ... ein Mal ist kein Mal... in der Ruhe liegt die Kraft". Alles Bullshit! Chillen ist nur etwas für Gesunde und meine pubertierenden Töchter. Den Kranken kann es töten und das zu Recht. Sieben Milliarden Menschen sind jetzt schon zu viele für Mutter Erde, weil zu viele Gleichgültige darunter sind.

Sargnagel Pommes

Immer, wenn es in der Reha Rievekooche gab, war die Kantine voll. Zugegeben, Reibekuchen auf rheinische Art mit „Äppelkompott“ sind einfach nur lecker. Gesund sind sie nicht gerade. Trotzdem würde ich Rievekooche vor Pommes den Vorzug geben, allein der Seele wegen.

Ja! Gesund essen kann mitunter schwierig sein. Viele können nicht kochen, sind Einkaufs-Autisten, hoffnungslose Leckermäuler, suchtkrank oder einfach nur beratungsresistent. Früh werden die Weichen gestellt. Abnormes Essverhalten ist nicht die Ausnahme. Es ist die Norm! Es macht der Mutter leider das Leben leichter. Gemüse – igitt. Pizza, Pommes und Spaghetti, die mag fast jedes Kind. Mit ordentlich Ketchup geht's runter wie geschmiert. Welche Mutter kann sich in Zeiten der antiautoritären Erziehung schon leisten, zu sagen: „Es wird gegessen, was auf den Tisch kommt.“ Im Zweifel ist sie dann diejenige, die die Suppe auslöffeln muss. Es gibt zu viele Kinder, die Gemüse nur als Kartoffel kennen, am liebsten frittiert, ab und zu als Püree, gerne auch als Chips. Nur … Kartoffeln sind gar kein Gemüse, und Nudeln sind das auch nicht, nur weil sie aus Weizen gemacht werden. Obst, ok – einen Apfel oder eine Banane bekommt fast jeder runter. Aber schon Brokkoli zum Beispiel kann ich meinen Kindern nur püriert unterjubeln, am liebsten mit einem gehörigen Schuss Sahne.

Wenn ich gefragt werde, womit die meisten meiner Patienten Probleme haben, dann kommen wir sehr schnell auf die Ernährung zu sprechen. Ich bin überzeugt, dass da am meisten gelogen wird. Ich möchte mal nur Unkenntnis unterstellen. Aber die ist schon schlimm genug. Das muss nicht sein, denn in fast jeder Tageszeitung stehen Ernährungstipps. So! Jetzt nehmt alle eure Handys und fotografiert die nächsten Seiten. Damit habt ihr schon mal eine gute Einkaufsliste. Fragt eure Lebenspartner oder Mütter, gerne auch die Oma, und wenn gar keiner da sein sollte, dann googelt von mir aus „Gesunde Rezepte". Egal! Denn eines, das ist klar: Die MEISTEN Krankheiten, auch die chronischen, entstehen aus falscher Ernährung heraus, weil dem Menschen die notwendigsten Nährstoffe fehlen, zu wenig Wasser und / oder dafür zu viel Kaffee und Alkohol getrunken werden, weil wir uns viel zu wenig bewegen, unter Verstopfungen leiden, uns dadurch der eigene Stuhl und die Abfallstoffe darin vergiften, weil wir ständig zu viel Fleisch essen, dafür kaum Fisch, Obst, Gemüse oder ballaststoffreiche Nahrung.

Gesund essen

Es kommt eigentlich nur auf die richtige Auswahl von Lebensmitteln an, deren richtige Zubereitung und das richtige Maß. Klar gehen auch mal Pommes. Aber nicht jede Woche drei Mal. 80:20 sollte bei allem, was Sie sich einverleiben, Maßstab sein: 80 Prozent Gesundes und 20 Prozent für die Seele. Mehr halte ich auch nicht durch. Lediglich Kalorienbomben, Sahne, Käse und andere tierische Fette, Fleisch aus Massentierhaltung, weißen Spargel (reizt Blase und Nieren) und unreife Erdbeeren gibt's bei mir gar nicht. Bitte bekommen Sie beim Thema „Gesund essen" keine Paranoia! Regelmäßig Kalorien zählen, jedes

Mal das Kleingedruckte auf der Verpackung studieren – das hält keiner lange durch. **Hier meine zehn Gebote für gesundes Essen:**

1. Ausreichend trinken: Mindestens zwei bis drei Liter Flüssigkeit sollten es täglich sein. Kaffee zählt nicht dazu. Nehmen Sie Kräutertees, ungesüßte und verdünnte Fruchtsäfte, stilles Mineralwasser oder Kranenburger aus dem Hahn. Die Wasserqualität ist im deutschsprachigen Raum einzigartig.

2. Fett weg?!? Fett liefert unserem Körper konzentrierte Energie, es gehört daher zu den Hauptnährstoffen. Laut den allgemeinen Empfehlungen von Ernährungsexperten liegt der Bedarf an Fett pro Tag bei 30 Prozent der insgesamt aufgenommenen Energiemenge. Es sollten jedoch täglich nicht mehr als 65 Gramm Fett sein. Bei mir ist das noch weniger, weil Fett infolge der Querschnittlähmung im Darm schlechter verarbeitet wird. Bevorzugen Sie hochwertige, pflanzliche Öle (siehe Punkt 8). Meiden Sie tierisches Fett. Das hängt im Zweifelsfalle schon zur Genüge an Ihnen dran.

3. Weniger Fleisch: Zwei Mal pro Woche Fleisch (80–150 Gramm pro Portion) reichen völlig aus. Dunkles Fleisch (Rind, Lamm, Wild) enthält besonders viel von dem für uns so wichtigen Eisen. Empfehlenswert sind sonst magere Sorten wie Kalbskeule, Rinderschlegel, Puten- oder Hähnchenfleisch. Außerdem belastet Fleisch die Umwelt durch extensive Viehwirtschaft, siehe USA, wo die Rinder so viel furzen, dass am Himmel Ozonlöcher entstehen.

4. Viel Früchte und Gemüse essen: Mindestens fünf Portionen am Tag! Nur Obst, Nüsse und Gemüse enthalten ausreichend lebenswichtige Vitamine, Mineralstoffe und gesundheitsfördernde sekundäre Pflanzenstoffe (zum Beispiel die Farbstoffe), die Ihr Körper für seine Gesundheit braucht.

5. Mehr Fisch essen: Regelmäßig Fisch ist super! Fisch ist reich an hochwertigen Eiweißen, mehrfach ungesättigten Fetten (zum Beispiel Omega-3-Fettsäuren) sowie den Vitaminen B12 und D, besonders Hering, Lachs, Makrele, Forelle.

6. Regelmäßig Vollkornprodukte verzehren: Einfache Mehlprodukte (z.B. Weißmehl oder Graumehl, polierter Reis) durch Vollkornprodukte wie Vollkornreis, Weizen, Hirse oder Mais ersetzen.

7. Salzarm kochen: Salz bindet im Körper nur unnötig Wasser. Würzen Sie besser mit Kräutern und wenn Salz, dann bitte mit hochwertigem Himalaya-Salz oder Fleur de Sel (Natur-Meersalz).

8. Gesunde Öle und Fette: Verwenden Sie nur pflanz-liche Öle und Fette mit einem großen Anteil an ungesättigten Fettsäuren: Öl von Oliven, Samen, Kernen und Nüssen. Sie sind den Fetten und Ölen aus Kokos- und Erdnuss sowie der Ölpalme vorzuziehen.

9. Alkoholkonsum einschränken: Zwei bis drei Gläser in der Woche schädigen den Körper von Gesunden nicht zu sehr und streicheln das Gemüt. Aber Alkohol sollte immer eine Ausnahme bleiben!

10. Essen mit Genuss! Genießen Sie alles, was Sie essen. Auch die 80 Prozent des oben Beschriebenen und nicht nur die 20 Prozent Schrott, den wir uns alle so gerne reinziehen.

Gesund ausscheiden

Es wird so viel „Kacke" geschrieben, aber über Kacke schreiben, das tun nur die wenigsten, weil es kaum einer lesen will. Dennoch! Das Thema „Ausscheiden" ist so wichtig, auch wenn es sehr privat und in unserem Kulturkreis im stillen Kämmerlein zu tun ist. Wir verrichten unsere Notdurft am liebsten allein, sind in kaum einer anderen Situation schamhafter. Dabei tun sie es in skandinavischen Wochenendhäuschen heute noch nebeneinander auf mehrsitzigen Plumpsklos. Chinesen benutzen Toiletten ohne Trennwände, sehen sich beim Drücken sogar zu. Wobei: Chinesen drücken nicht, sie lassen es einfach raus, ohne Stress und Zeitvorgabe, nicht wie wir in kaum fünf Minuten, wenn mal keine Zeitung zur Hand ist.

Stuhlgang ist der feinere Ausdruck für Defäkation (von lateinisch *faex*, Hefe oder Bodensatz). Die Bezeichnung Stuhlgang rührt vom Leibstuhl her, der im 18. Jahrhundert entwickelt wurde und aus einem Stuhl mit eingebautem Nachttopf zur Aufnahme der Fäkalien bestand.

Der Darm ist ein Muskel, wie die Blase. Dabei wird Stuhl nicht über Muskelkraft (Peristaltik) Richtung Anus transportiert. Es geschieht durch das Nachrücken von unverdaulicher Materie aus den Speisen. Die Peristaltik existiert zwar, ist aber nur dazu da, den Stuhl zu durchmischen. Stellen Sie sich einen mit Wasser gefüllten Luftballon vor, den ihre Hand bearbeitet. Im Enddarm schließlich wird der Stuhl gesammelt, bis er drückt. Den Rest kennen Sie.

Die Konsistenz schwankt zwischen hart und weich, hängt ab von Mensch zu Mensch erheblich von der körperlichen und seelischen Verfassung, am meisten aber von der aufgenommenen Nahrung. Die Meisten haben täglich Stuhlgang. Bei gesunden Menschen kann das von mehrmals am Tag bis einige wenige Male wöchentlich variieren. Erst bei deutlichen Abweichungen von den individuellen Gewohnheiten spricht der Arzt von Durchfall oder Verstopfung. Ich behaupte aber mal, dass alles, was länger als zwei Tage dauert, eher unnatürlich ist. Sogar mit teils gelähmten Verdauungsorganen bin ich den ganzen Abfall meines Körpers meist am nächsten Tag schon wieder los.

Unser Immunsystem befindet sich zu 80 Prozent im Darm und dem Lymphsystem. Eine natürliche Ernährung unterstützt unsere Abwehrkräfte wie nichts anderes. Parasiten und Pilze haben bei einem intakten Immunsystem kaum Chancen, Sie flach zu legen, wenn Sie ihnen den Nährboden entzogen haben. Industriell veränderte Nahrungsmittel, Medikamente, Alkohol, Nikotin, Stress und vieles anderes, führen zum Chaos in diesem so unendlich wichtigen Organ. Stellen Sie sich einfach vor: Der Darm ist Ihr Kraftwerk. Wenn Sie da nur ungefiltert Müll verbrennen, dann vergiften Sie innerhalb kürzester Zeit den Rest der Umgebung, nämlich ihren Körper.

Am meisten Probleme bereitet Ihrem Darm der Eiweißüberschuss und der gleichzeitige Bewegungsmangel. Wir essen viel zu viel Fleisch, Wurst, Eier, Getreide, Soja und Milchprodukte, meist ein Mehrfaches von dem, was noch in einem Tag verdaubar wäre. Wenn wir wenigstens Jäger wären, immer in Bewegung. Das würde schon helfen. Eiweiß denaturiert durch Erhitzen. Im Darm wird ein schwer verdaulicher Brei daraus. Der braucht Tage, um ihn zu durchwandern. Im Gegensatz zu leicht verdaulichem Obst, das sehen Sie schon nach Stunden wieder. Die pappigen Breimassen hingegen überziehen die Darmwände wie doppelseitiges Klebeband. Bei zunehmender Überlastung entstehen am Ende zähe Schlacken, die den perfekten Nährboden für unerwünschte Bakterien und Parasiten bilden.

Wir alle wissen, was passiert, wenn wir Milch nicht in den Kühlschrank stellen. Sie wird sauer. Bakterien zersetzen das Eiweiß. Unser Körper ist jedoch mit 37 Grad gut

16 Grad wärmer als die Raumtemperatur. Da fühlen sich Bakterien wohl wie am Strand von Barbados. Drei Mal am Tag eiweißreiche Kost, morgens schon Eier mit Speck, mittags das Kotelett und abends noch 'ne Pizza ... Wer sich bei diesen Kalorienbomben nicht wenigstens viel bewegt, der verschimmelt schneller vor dem TV als der Journalist aus dem Dokudrama „Supersize me". Für seinen Film setzte sich Morgan Spurlock einem ungewöhnlichen Selbstversuch aus. 30 Tage lang aß er nur bei McDonald's. Seine täglichen Regeln waren: Drei komplette Mahlzeiten bei McDonald's zu essen, keinesfalls mehr als 2000 Schritte zu gehen und immer „Supersize-Menüs" zu bestellen, wenn er danach gefragt wurde. Der gute Mann hatte nach den 30 Tagen 11,1 kg zugenommen, was 13 Prozent seines Körpergewichts entsprach. Sein Blutdruck war im Eimer, seine Laune im Keller und auch der Rest an Mann fürs Klo.

Alles klar? Also noch mal: Die Verschlackung des Darms ist ein großer Schritt auf dem Weg zu vielen chronischen Erkrankungen, Kraftlosigkeit und Schlafstörungen. Über zwei Drittel der Deutschen leiden wahrscheinlich darunter. Viele wissen es nicht einmal, sondern schlagen sich unwissend mit Blähungen, Wechsel von Durchfall und Verstopfung und Müdigkeit herum. Auf Dauer hat das fatale Folgen fürs Immunsystem und die gesamte Vitalkraft.

Unser Immunsystem ist zum größten Teil von einer gesunden Darmflora abhängig. Das sind zig Millionen freundliche Bakterien, die unsere Nahrung so aufbereiten, dass wir die enthaltenen Nährstoffe überhaupt erst aufnehmen und verarbeiten können. Einige der Darmbakterien stellen die dringend benötigten Vitamine sogar erst her (z. B. die der B-Reihe). Stimmt ihre Mischung nicht, dann werden unsere Abwehrkräfte geschwächt, und wir nehmen nicht mehr genügend Vitalstoffe aus der Nahrung auf. Der Darm selbst wird krank, und damit werden wir es auch. Nahrung wird nicht mehr richtig verdaut. Sie verwest und fault. Es entstehen Giftstoffe, die chronische Entzündungen, Abwehrschwäche, Asthma und Nasennebenhöhlen-Erkrankungen bis zu Arthritis, Rheuma, Allergien und Migräne verursachen können.

Wenn es um die gute Verdauung geht, einige Tipps:
1. Gut gekaut ist halb verdaut. Viele Menschen essen viel zu schnell. Die Speisen werden im Mund nicht genügend zerkleinert und mit dem Speichel vorverdaut. Das reizt unsere Organe. Es kommt häufiger zu Gärung, schlechter Verdauung, zur Bildung giftiger Stoffe und insgesamt zur Darmverschlackung.

2. „Bitter ist besser". Es regt unsere Verdauungssäfte an. Leider wurden aus vielen Gemüsearten die Bitterstoffe herausgezüchtet. Die fehlen uns jetzt. Daher sollten wir, so oft es geht, zu jeder Mahlzeit etwas Bitteres essen, etwa Rauke, Chicorée, Blumenkohl, Spinat, Rosenkohl und Artischocken, dann Zitrusfrüchte, Grapefruits, Zitronen und Orangen – oder auch sensationell: Holunderbeeren. Auch eine Reihe von Gewürzen und Kräutern (Kardamom, Pfeffer, Thymian, Ingwer, Salbei, Beifuß, Mariendistel, Schafgarbe) verfügt über viele Bitterstoffe.

3. Vorsicht vor Fett! Bitte verstehen Sie mich hier nicht falsch. Ich sage nicht, dass alle früher sterben werden, die sich mit einer fett- und eiweißreichen und kohlenhydratarmen Kost ernähren. Die Inuit in Grönland leben fast ausschließlich von fettem Robbenfleisch. Aber! Sie bewegen sich auch den ganzen Tag und arbeiten in der Kälte hart für Ihr „Brot". So haben auch unsere Vorfahren Zehntausende Jahre gelebt und überlebt. Aber die meisten von uns arbeiten und leben sitzend, bewegen sich bei Weitem nicht mehr so, wie das nötig wäre. Da bringen bereits relativ kleine Mengen Speiseöl allein die Tätigkeit des Magens oft stundenlang zum Erliegen. Das bremst dann auch die Verdauung. Andererseits lässt es der Nahrung, zum Beispiel Hülsenfrüchten, genügend Zeit für Faul- und Gärprozesse. Erst in Verbindung mit dem Öl gibt „jedes Böhnchen ein Tönchen." Ich habe das mal für Sie ausprobiert. Vorvorgestern habe ich Bohnen ohne Öl gegessen – nichts. Vorgestern dann mit Öl – zu viel Information, ich weiß. Verzichten Sie nicht völlig auf Fett. Es ist ein wichtiger Geschmacksträger und wird zur Aufnahme vieler fettlöslicher Vitamine benötigt. Verwenden Sie aber für Salat nicht einen ganzen Esslöffel voll, sondern nur ein paar Tropfen.

4. Blass ohne Ballaststoffe: Die harten Fasern in Obst, Gemüse, Nüssen oder Müsli reinigen die Darmwände. Ihre Ballaststoffe beeinflussen viele Funktionen im Magen-Darm-Trakt. Im Magen wird die Entleerung verzögert, Wasser länger gespeichert, bevor es über Nieren und Blase ausgeschieden wird. Nach dem Genuss einer ballaststoffreichen Mahlzeit ist man wesentlich länger satt. Leider ist unsere Nahrung in vielen Fällen industriell aufgearbeitet. Da bleibt für den Darm kaum noch etwas zu tun. Bei der Mehlherstellung wird das Korn ganz fein zermahlen. Aber die wichtigen Ballaststoffe werden entfernt. Eine Pizza, eine Semmel, ein Pfannkuchen haben weniger Ballaststoffe als ein tiefer Atemzug am Nordseestrand.

5. Es lebe der Verdauungsspaziergang! In der Regel verfehlt er die gewünschte Wirkung nicht. Sie entsteht aus der Schwerkraft, der allgemeinen Aktivierung, einer verstärkten Atmung und der Reizung der Reflexzonen der Fußsohlen.

6. Im Rhythmus leben. Unser Tagesablauf richtet sich nach der Essenseinnahme. Umgekehrt hilft es der Verdauung, wenn Sie täglich zur selben Zeit aufstehen, Ihre Mahlzeiten zu sich nehmen und schlafen gehen. Verdauungsprobleme, die häufig gerade im Urlaub auftreten, entstehen nicht nur durch ungewohntes Essen, langes Sitzen im Auto und die reduzierte Flüssigkeitsaufnahme auf der Reise, sondern eben auch durch die Störung des gewohnten Rhythmus.

Wasser hilft ...

Ganz ehrlich gesagt habe ich es auch noch nicht geschafft, meinen Mädels beizubringen, dass sie viel mehr trinken müssen. Ich habe den Eindruck, dass Frauen damit größere Probleme haben als Männer. Vielleicht wollen sie nicht so oft auf die Pipi-Box.

Dabei ist Wasser der wichtigste Nährstoff des Körpers. Neugeborene bestehen zu 75 bis 80 Prozent aus Wasser, Männer zu circa 60 Prozent, Frauen zu 50 bis 55 Prozent. Sie können mitunter wochenlang ohne feste Nahrung überleben. Aber verdurstet sind Sie nach drei bis vier Tagen.

Wasser ist Hauptbestandteil des Blutes. Es transportiert sowohl gelöste Nährstoffe als auch die Abfallprodukte des Stoffwechsels. Das Blut kann nicht mehr richtig fließen, weil es zu dick wird, wenn wir zu wenig trinken. Außerdem kühlt es uns, indem wir beim Schwitzen Wärme ableiten. Gehirnleistung und Konzentrationsfähigkeit lassen nach. Es drohen Nierensteinerkrankungen, Blasenentzündungen oder Verstopfungen. Haut und Schleimhäute trocknen ebenfalls aus, öffnen damit Viren und Bakterien das Tor zum Körper.

Wir sollten unbedingt auf die Warnsignale unseres Körpers hören: Kopfschmerzen, Übelkeit und ein trockener Mund. Durst entsteht, wenn der Körper mehr als ein Zweihundertstel seines Gewichts in Form von Wasser verloren hat. Wenn man erst auf das Durstgefühl wartet, dann ist es schon zu spät. Man hat bereits ein Flüssigkeitsdefizit. Für den optimalen Ablauf vieler Vitalfunktionen versucht der Organismus, den Wasserbestand konstant zu halten. Im Dickdarm wird dem Nahrungsbrei Wasser entzogen. Trinkt man zu wenig, wird der Stuhl zwangsläufig zu dick.

Leitungswasser, Früchte- und Kräutertees gehen immer. Limonaden, Cola, Kaffee, schwarzer Tee oder Alkohol verstärken die Ausscheidung von Wasser über die Nieren. Obst und Gemüse enthalten relativ viel Wasser. Getreideerzeugnisse, Hülsenfrüchte und Nüsse dagegen wenig.

Ich höre immer von den berühmten zwei bis drei Litern am Tag, wenn es um die Menge geht. Ich selbst aber brauche mindestens das Doppelte. Das trinke ich auch, und selbst dann kann es noch zu wenig gewesen sein, etwa im Sommer oder nach intensiver Bewegung. Denn ich brauche sehr viel Wasser, um meinen hitzigen Körper zu kühlen. Dafür produziert meine Leber zu viel Energie. Sechs Liter am Tag wären aber für andere definitiv zu viel. So hängt es vom Typ ab, wie viel Wasser er wirklich braucht. Der Urin sollte immer klar, fast farb- und geruchlos rinnen.

Ach ja! Noch eines: Trinken Sie bitte nur mit Raumtemperatur, nicht kälter als 14 Grad. Kalte Flüssigkeiten entziehen Ihrem Körper unnötig Energie. Ich könnte von zwei eiskalten Halben eine Blasenentzündung bekommen, weil alle meine Organe unterhalb des Bruchs in meiner Wirbelsäule schlechter durchblutet sind. Ab dem Bauchnabel bin ich voll eine Tussi. Da zieht mir Kälte so etwas von unangenehm rein, ekelhaft! Wenn es denn mal nicht anders gehen sollte, dann wärmen Sie den Schluck wenigstens vorher im Mund auf, selbst wenn es sich anfühlt, als würden Ihre Zähne gleich von alleine rausploppen.

Fünf Mal Früchte und Gemüse

Obst mag jedes Kind. Wer mir aber sagt: „Ich mag kein Obst und Gemüse", der sieht sich am besten weiter unten in meiner Auflistung an, ob nicht doch etwas für ihn dabei ist. Keiner mag gerne krank sein. Noch schlimmer erscheint mir manchmal jedoch die Aversion gegen Gemüse. Leute schlucken zum Teil lieber Abführpillen als Brokkoli. Das darf doch nicht wahr sein! Hey! Wir sind, evolutionstechnisch gesehen, Pflanzenfresser. Jetzt zu behaupten, „das mag ich aber nicht", ist doch wider unsere Natur! Selbst meine Töchter (11 und 14) bekommen Gemüse dann wenigstens püriert runter, von mir aus auch mit 'nem kleinen Schuss Sahne oder sogar leicht gesüßt – mit Zuckerrübensirup oder Honig.

Es gibt Hunderte Gemüsearten. Da ist doch IMMER etwas dabei, das auch dem „Bauern" schmeckt, selbst, wenn er es nicht kennt. Der Rest ist eine Frage der Zubereitung. Nur Gemüse, Kräuter und Früchteversorgen uns in ihrer Ausgewogenheit mit den notwendigen Vitaminen, Mineralsalzen, Spurenelementen, Ballaststoffen und ätherischen Ölen. Letztere wirken zudem geschmacksbildend und appetitanregend. Knoblauch und Sellerie sind zum Beispiel ausgezeichnete Geschmacksverstärker. Zudem sind Gemüse und Früchte aufgrund ihres hohen Anteils an Ballaststoffen das BESTE für Ihre Verdauung.

Blattsalate dagegen bringen oft weniger Vitamine mit als Fingerlutschen. Gut sind dann nur noch die enthaltenen Ballaststoffe. Die wenigen Vitamine im Salat sind leider auch noch flüchtiger Natur. Nach einem Tag sind alle weg. Deshalb sollten Salate noch am Tag ihres Kaufs verbraucht werden. Wärme, Licht und Luft verringern die enthaltene Menge an Vitamin stündlich. Auch soll man den Salat vor dem Waschen nicht zerkleinern. Sonst gehen zusätzlich noch Inhaltsstoffe verloren.

Tomaten enthalten große Mengen an Lycopin. Sie schützen genial unser Herz-Kreislauf-System. Forscher kamen zu dem Ergebnis, dass langes Kochen der Tomaten mehr Lycopin freisetzt als kurzes Dünsten. Bei ihren Untersuchungen kochten sie Tomaten 15 und 30 Minuten lang. Im Vergleich zu zweiminütiger Kochzeit sank zwar der Vitamin-C-Gehalt, der Lycopin-Gehalt stieg aber um 54 Prozent beziehungsweise um 164 Prozent. Deshalb: Tomaten nicht nur roh genießen, sondern auch mal gekocht in Form von Tomatensoße oder Ketchup. Das ist nämlich gar nicht mal so ungesund und geht immer.

Viele Gemüse sollten Sie nur blanchieren (frz. *blanchir* = weiß färben, bleichen). Durch das kurze Eintauchen in kochendes Wasser werden Enzyme deaktiviert, unerwünschte Veränderungen am Gemüse vermieden: Bräunung, Abbau von wertvollen Inhaltsstoffen, Entwicklung von Fehlaromen. Das ist beim Verzehr viel gesünder. Zudem wird durch das Blanchieren Sauerstoff aus dem Gewebe von Gemüse ausgetrieben, die Zellstruktur gelockert, die Keimbelastung reduziert sowie unerwünschte Geschmacksstoffe (Kohl) und Gifte (Pilze) entfernt – alles gut für die Verdauung. Empfindliche Blattgemüse wie Spinat sind nach dem Blanchieren bereits gar. Zum Blanchieren genügen meist 10 bis 30 Sekunden. Anschließend empfiehlt es sich, das Gar-Gut in Eiswasser abzuschrecken. Dadurch behält es Farbe, Geschmack und Struktur.

Gemüse, das drei Tage im Kühlschrank liegt, hat in der Regel weniger Vitamine als tiefgefrorenes. Gleiches gilt für Gemüse, die länger als einen Tag beim Verkäufer liegen. Am besten ist, es wird frühmorgens vom Bauern geerntet, am Mittag gekauft und am Abend verzehrt.

Früchte haben viel mehr Fans. Warum nur? Des Zuckers wegen! Obst, das nicht süß ist, schmeckt vielen auch nicht. Deswegen serviere ich meinen Kindern Gemüse immer leicht gesüßt.

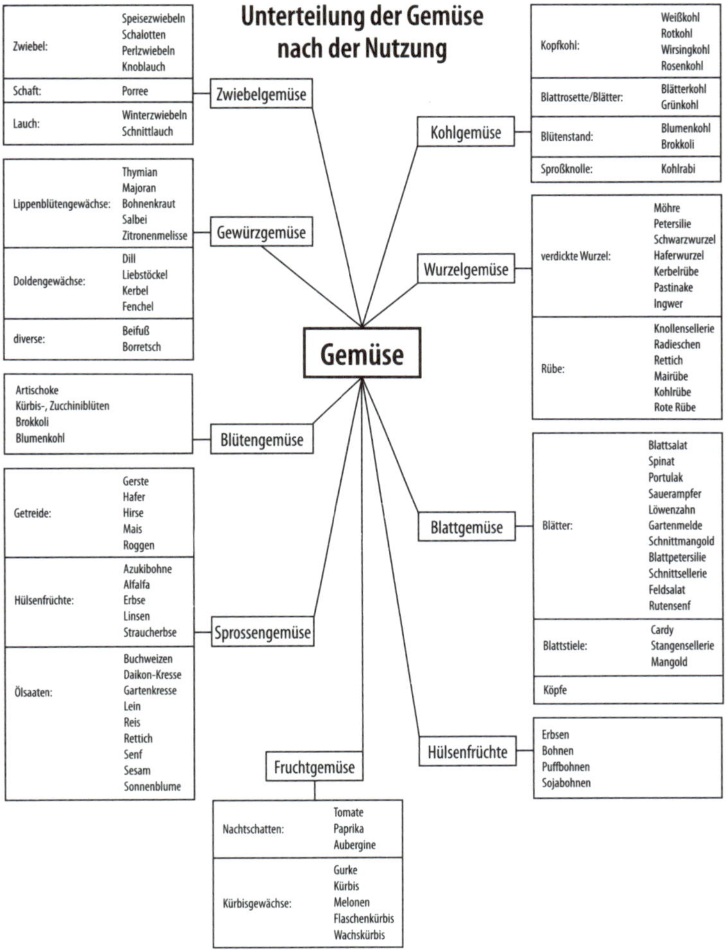

Die Unterscheidung zwischen „Obst“ und „Gemüse“ ist unscharf. Obst stammt meistens von mehrjährigen, Gemüse von einjährigen Pflanzen. Der Zuckergehalt beim Obst ist meist höher. Botanisch gesehen entwickelt sich Obst aus der befruchteten Blüte. Gemüse entsteht aus anderen Pflanzenteilen. Rhabarber hingegen ist ein Blattstiel, wird aber auch als Obst verwendet.

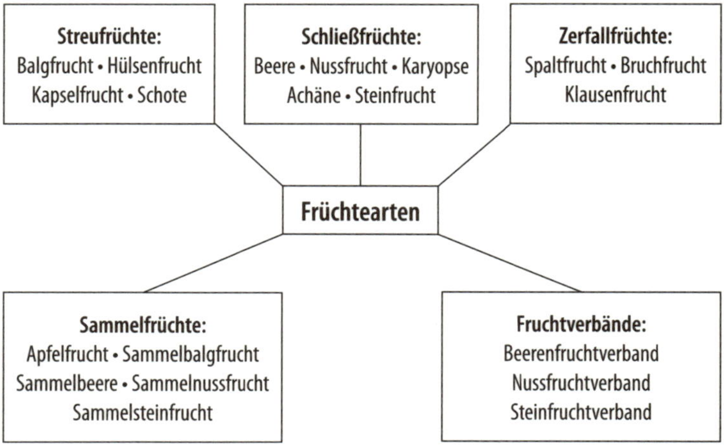

Besonders reich an Nährstoffen sind Nüsse. Lange waren sie als zu fettreich verpönt. In letzter Zeit ist in vielen Studien festgestellt worden, dass Nüsse aller Art gut sind gegen Herz- und Kreislauferkrankungen. Nüsse senken durch ihre mehrfach ungesättigten Fettsäuren den Cholesterinspiegel im Blut, stabilisieren den Zuckerwert, unterstützen die Gefäße und mindern das Risiko für Magen- und Prostatakrebs sowie für Infarkte. Schon geringe Mengen davon (etwa fünf Walnüsse am Tag) reichen aus. Am besten sind Walnüsse und Mandeln; Kokosnüsse und Erdnüsse hingegen liegen eher am unteren Ende der Skala.

Zitrusfrüchte haben einen hohen Anteil an Vitamin C. Kresse und Petersilie jedoch haben mehr als drei Mal so viel wie Orangen oder Zitronen, ebenso viele Gemüsearten. Doch Kochen zerstört das empfindliche Vitamin und auch viele andere. Deswegen bieten sich gerade Früchte mehr zum rohen Verzehr an.

Allerdings gibt es Menschen, die aufpassen müssen, welche Arten und Mengen an Früchten sie essen können. Schon geringe Mengen machen Sie krank, auch wenn in einem Produkt nur Spuren davon enthalten sind. Allergiker beispielsweise bekommen bei der leichtesten und noch erträglichsten Form Hautausschlag. Eine derartige Abwehrreaktion des Körpers kann auch später im Erwachsenenalter noch plötzlich neu auftreten. Manchmal war es nur ein Spritzmittel, das Juckreiz und Ausschlag ausgelöst hat. Sonst helfen nur ein Test beim Arzt und der Verzicht. Solche Allergien können mit der Zeit schlimmer werden, führen bis zu Atemnot und Erstickungsanfällen, einhergehend mit einem sogenannten anaphylaktischen Schock. Dann ist unbedingt sofort der Notarzt zu rufen.

Damit ich positiv aus diesem wichtigen Thema herauskomme, eines zu guter Letzt: Seit ich vor über vier Jahren angefangen habe, reichlich Früchte und Gemüse zu essen, hatte ich nur drei leichte Infekte. Es war immer nur ein Schnupfen. Und nach drei Tagen war er schon wieder weg.

Zu viel Schwein

Adam und Eva waren Vegetarier. Tiere zu töten war damals uncool. Nach dem Krieg zu Omas Zeiten wurde viel weniger Fleisch gegessen, vielleicht mal ein Sonntagsbraten. Irgendwann müssen wir es uns dann richtig angewöhnt haben und wahrscheinlich nicht erst, seit uns große aufgeblasene Clowns an den Autobahnausfahrten anlachen.

Wir in Deutschland essen im Durchschnitt täglich 170 Gramm Fleisch und Wurst. Da wurden statistisch auch alle Babys und Vegetarier mitgezählt. Wiegen Sie selbst nach, was bei Ihnen auf die Teller kommt. Es ist bestimmt deutlich mehr. Im Jahresdurchschnitt sind es circa 60 Kilogramm, fast zwei Drittel davon, also 40 Kilo, sind Schweinefleisch. Die Deutsche Gesellschaft für Ernährung (DGE) empfiehlt aber viel weniger, gerade aus Gesundheitsgründen. Zwei Mal Fleisch in der Woche, 300 bis 600 Gramm maximal reichen mehr als aus. Das sind auf den Tag umgerechnet nur 45 bis 85 Gramm Fleisch.

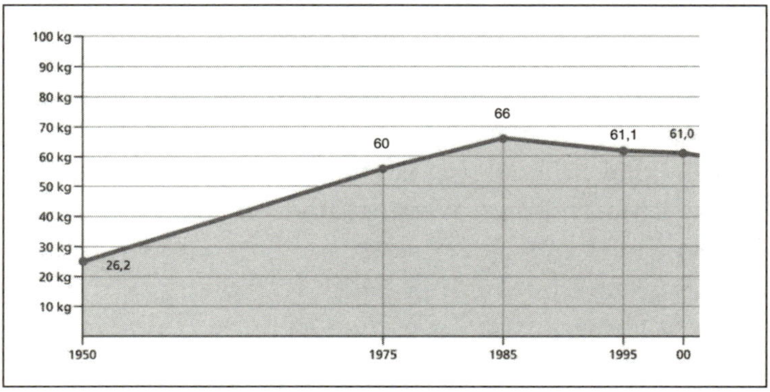

Fleisch ist grundsätzlich nicht ungesund. Es sei denn, es kommt aus der Massentierhaltung. Seine Zusammensetzung variiert stark, je nach Tierart und Teilstück. Im Durchschnitt besteht Fleisch aus:

- 20 Prozent biologisch hochwertigem, vom Körper verwertbarem Eiweiß
- 5 bis 40 Prozent Fett, je nach Tierart und Teilstück
- geringen Mengen an Kohlenhydraten
- ein bis zwei Prozent Mineralstoffen, insbesondere Eisen und Zink
- Vitaminen, vor allem der B-Gruppe und Vitamin A*

(*Quelle: CMA, 2004)

Fleisch enthält also zahlreiche Nährstoffe, ist ein hervorragender Eiweißlieferant und deckt größtenteils den Tagesbedarf an Vitamin B12, das für die Bildung der roten Blutkörperchen verantwortlich ist. Es liefert außerdem ausreichend Niacin, das wiederum für den Fett- und Eiweißstoffwechsel notwendig ist.

Vor allem zur Deckung des Eisenbedarfs galt Fleisch

lange Zeit als einzige Alternative. Schon 150 Gramm Rinderfilet enthalten 3,5 Milligramm Eisen. Das sogenannte Hämeisen im Fleisch wird von uns aufgrund seiner guten Resorbierbarkeit viel besser verwertet als das Nicht-Hämeisen aus Pflanzen. Dennoch kann der Eisenbedarf auch bei einer rein vegetarischen Ernährung durch Hülsenfrüchte, Vollkornbrot und rote Bete gut gedeckt werden. Fleisch ist auch für den Zink-Haushalt von Bedeutung. Der Bedarf an Zink kann grundsätzlich ebenso mit Gemüseprodukten gedeckt werden. Das im Fleisch enthaltene Zink wird vom menschlichen Körper jedoch besser resorbiert.

Generell enthält Fleisch zu viel an gesättigten Fettsäuren, die nur in Maßen verzehrt werden sollten. Einfache und mehrfach ungesättigte Fettsäuren sind die essentiellen (wesentlichen) Stoffe, weil sie der Körper nicht selbst herstellen kann. Der Anteil dieser wichtigen Fettsäuren ist jedoch gering und kann je nach Tierart und nach Art der Haltung sowie der Fütterung variieren. So weist – laut eines Forschungsreports des Senats für Ernährung, Landwirtschaft und Verbraucherschutz das Fleisch von Rindern aus Weidehaltung beispielsweise wesentlich mehr ungesättigte Fettsäuren auf als das Fleisch von Rindern aus Stallhaltung.

Häufiger Genuss von fettigen, minderwertigen Fleisch- und Wurstwaren führt unter anderem zu zahlreichen Herz-Kreislauferkrankungen, Rheuma, Gicht, Altersdiabetes, Darmkrebs. Außerdem ist Fleisch häufig belastet. Kalbfleisch kann Hormone enthalten, Schweinefleisch Trichomonaden (Einzeller-Organismen). Innereien gelten als stark schwermetallbelastet. Geflügelfleisch kann Salmonellen enthalten. Und was in der Wurst alles drin ist, weiß oft nicht mal der Metzger. Ich kaufe Wurst und Schweinefleisch, wenn überhaupt, nur vom Metzger Pickl in Anger bei Bad Reichenhall oder beim Metzger Schmitt in Creglingen, dem Wohnort meines QS-Freundes Till Raab. Die holen die Schweine selbst bei den Bauern ab und schlachten sie. Wer also gerne Fleisch isst, sollte ganz genau wissen, wo die Tiere herkommt. Qualität ist nur garantiert bei Tieren, die im Freien gelebt haben und ohne den Zusatz von künstlichen Wachstumsbeschleunigern oder Antibiotika gezüchtet wurden.

Wenn ich mit Kollegen essen gehe, bestelle ich meistens Rindersteak oder Fisch. Sollte mein Kollege Muslim sein, hat er mit mir wirklich Schwein gehabt.

Sargnagel Alkohol

Drogen sind ungesund, verfälschen die Wahrnehmung, können töten. Deswegen sind sie vollkommen zu Recht illegal, die meisten jedenfalls. Die überall verbreitete Droge Alkohol aber ist vollkommen legal. Sogar Teenager dürfen, wenn sie 16 sind, Alkohol kaufen. Wenigstens den Schnaps hat man ihnen noch verboten. Meine Tochter Eva ist 14. Ich glaube ihr, wenn sie sagt, dass sie Alkohol nicht mag, zuweilen sogar abstoßend findet. So wie ich ihre Klassenkameradinnen heuer an Karneval erlebt habe, kann ich das absolut nachvollziehen. Zwischen 14 und 15 Jahre alt und mit einer halben Flasche Wodka als Minimum unterwegs, das ist keine Ausnahme mehr. Das ist leider normal unter Jugendlichen, auch auf dem ach so noblen Gymnasium. Alkohol macht eben vor Bildung nicht halt.

Ich möchte jetzt aber nicht Moralapostel spielen und darf das auch gar nicht. Deshalb zitiere ich den Lebensmittelchemiker Bernd Leitenberger zur schädlichen Wirkung von Ethanol:

„Obgleich der Alkohol mit zwei Reaktionsschritten vom menschlichen Körper in den Kohlenhydratkreislauf eingebracht werden kann, ist dies nicht ohne Gefahr. Das Zwischenprodukt des Alkoholabbaus ist Acetaldehyd (Ethanol). Acetaldehyd ist sehr giftig für den Körper und auch verantwortlich für die Dauerschäden, die er in der Leber anrichtet.

Der Abbau des Alkohols über die Leber ist langsam. Daher kann auch das toxische Acetaldehyd entstehen. Das Enzym, welches den Abbau bewirkt – die Alkoholdehydrogenase (ADH) – konkurriert zudem mit anderen Enzymen um Sauerstoff. Bestimmte Lebensmittelinhaltsstoffe können so die toxische Wirkung von Alkohol verstärken. Als wichtigste Verbindung sind dies vor allem biogene Amine wie Histamin. Nimmt man gleichzeitig Alkohol und biogene Amine auf (Bsp.: Camembert und Wein), so genießt der Alkoholabbau höhere Priorität, sodass sich diese anreichern. Dies kann ein allergisches Verhalten verstärken, sofern dieses vorliegt. Alkohol hemmt zudem den Fettabbau, sodass sich bei chronischem Alkoholgenuss in der Leber Fett ablagert.

Alkohol hat weitere Giftwirkungen auf den Körper. Über die Menge an Alkohol, die man trinken kann, ohne dass er toxisch wirkt, wird seit Langem gestritten. Ein allgemein akzeptierter Wert sind 40–45 ml Alkohol bei Frauen und 65–75 ml Alkohol bei Männern. Spätestens bei einer Alkoholmenge von 1.6 g/Tag pro Kilo Körpergewicht ist die Grenze erreicht, welche die Leber dauerhaft abbauen kann. Die Abbauleistung der Leber schwankt allerdings beträchtlich. Normalerweise werden 0.1 Promille pro Stunde (0.07 g Alkohol pro Gramm Körpergewicht) angegeben. Man weiß jedoch, dass sowohl zwischen den Geschlechtern (bei Frauen ist der Abbau langsamer als bei Männern) wie auch individuell die Abbauleistung unterschiedlich ist. Zudem steigert chronischer Konsum die Abbauleistung.

Weitere Wirkungen neben der Störung des Fettstoffwechsels ist eine Schädigung der Keimdrüsen sowie eine Schädigung der Nieren. Es kommt zu einer verstärkten Ausscheidung von Wasser und Mineralstoffen sowie zu einer Schädigung durch Verschiebung des Gleichgewichtes an Wasser innerhalb und außerhalb der Nierenkanäle.

Chronischer Alkoholgenuss geht aber oft einher mit einer Unterversorgung an wichtigen Vitaminen, Mineralstoffen und Nährstoffen. Alkoholische Getränke belasten den Stoffwechsel, bei dem Vitamine als Coenzyme mitwirken und bewirken so einen erhöhten Vitaminbedarf. Sie enthalten aber keine Vitamine, sodass es zu einem Mangel kommt, der über Jahre zu Schädigungen des Körpers führen kann. Bekannt sind Schäden durch Thiamin (B1), Pyridoxin (B6) und Folsäuremangel. Mineralien werden durch die erhöhte Wasserausscheidung ausgeschieden, jedoch nicht zugeführt. Bei chronischen Trinkern ist zudem oft auch die Versorgung mit normalen Nährstoffen wie Eiweiß herabgesetzt.

Alkohol wirkt bei zahlreichen Krebsarten als Promotor. Das heißt, er steigert das Tempo der Krebsbildung. Alkohol alleine verursacht keinen Krebs, kann aber Krebs, der aus anderen Ursachen entsteht, in der Entwicklung beschleunigen. Besonders bei der Leber, wo der Alkohol entgiftet wird, ist daher das Krebsrisiko erhöht.

Auf die vielfältigen Wirkungen hoher Alkoholmengen bei akuter Vergiftung (Schwips bis hin zu einem Rausch) soll an dieser Stelle nicht eingegangen werden, jedoch bewirkt der dauerhafte Konsum hoher Alkoholmengen dauerhafte Veränderungen im Gehirn, bis hin zur Verblödung oder psychischen Veränderungen."

(Bernd Leitenberger)

Klar! Auch ich hatte als Teenager meinen ersten Vollrausch. Seitdem kann ich Gin nicht mal mehr riechen. Alkohol war für mich aber immer ein Genussmittel. Mit 20 habe ich angefangen, Wein zu sammeln. Und? Ja, auch ich war nach der konsumbezogenen Definition „Alkoholiker" – wie Millionen andere Deutsche auch – denn ich habe jeden Tag mindestens einen halbe Flasche Wein getrunken, ohne Ausnahme an 365 Tagen im Jahr. Und manchmal war es auch eine ganze Flasche, ohne dass mir irgendjemand hätte anmerken können, dass ich getrunken hatte.

Den Wein habe ich immer noch, in einem professionell gekühlten Weinkeller. Nur trinken kann ich ihn nicht mehr. Auch das hat mir auch meine chinesische Ärztin abgewöhnt. Aufgehört habe ich aber erst wirklich, als ich gemerkt habe, dass bei meiner Krankheit Alkohol ein No-Go ist. Ich kann schon nach kleinen Mengen nicht mehr richtig schlafen, nicht nur, weil der Alkohol mich total unruhig macht. Ich bekomme Spastik und Krämpfe in der verkümmerten Restmuskulatur der Unterschenkel. Ein Bier zum Essen ist okay, auch mal ein kleines Glas Wein. Aber mehr als drei, vier Halbe oder drei Deziliter Wein in der Woche gehen nicht.

Der Alkohol entzieht den letzten Muskelfasern Wasser und Mineralien. Die Beine zittern willkürlich, als ob sie unter Strom gesetzt würden. Durch Wadenkrämpfe stehen meine Füße bretthart an, je nachdem, ob ich sie angezogen oder gestreckt habe. Wenn ich dann mit dem anderen Fuß dagegendrücke, bekomme ich meistens den nächsten Krampf. Den kann ich manchmal nur mit roher Gewalt lösen.

Nur gut, dass ich in den Unterschenkeln keine Schmerzen empfinde. Aber vom Schlafen hält mich diese Art der Spastik allemal ab. Sie treibt mich oft sogar aus dem Bett. Erst nach einer Minute „Reise nach Jerusalem“ darf ich mich wieder hinlegen, dann sind die Krämpfe weg.

Absolut verboten habe ich mir das Bier nach Sport und Reha. Die kümmerlichen Muskeln, die ich mir grad mühsam auftrainiert habe, wären mindestens drei Tage lang nicht zu gebrauchen. Alles wäre umsonst gewesen. Der Alkohol entzieht Wasser und Mineralstoffe, die Muskeln gerade jetzt zum Aufbau so dringend nötig haben. Und schlimmer noch, er dehnt die Erholungsphase auf ganze Tage aus. Der Körper wird untrainierbar.

Wer sich also bei der Wiedergenesung weiterhin an seiner Droge Alkohol festhält, dem empfehle ich wirklich, lieber in die Kneipe zu gehen als zum Sport. Wenn schon, denn schon! Genießen Sie statt Ihrer Gesundheit wenigstens Ihren Alkohol, ohne ständig ein schlechtes Gewissen haben zu müssen. Ich werde Ihnen sicher nicht noch weiter den letzten Spaß im Leben miesschreiben. Der Sprit ist ein hervorragendes Betäubungsmittel, nimmt Traurigkeit und Schmerzen. Und wenn die Leidensgenossen am Tresen nicht allzu blau sind, dann hilft er auch gegen Einsamkeit. Denn machen wir uns nichts vor: Krank sein macht wirklich einsam.

Wo die Medizin Sargnägel lagert

Die schulmedizinische Gesundheitsvorsorge kennt Krankheiten und Medikamente. Gesund hält sie nicht. Dazu müsste sie nämlich echte Vorsorge betreiben. Da liegt also ein begrifflicher Fehler vor. Gesundheitsvorsorge betreiben nur Ärzte, die sich neben ihrem Medizinstudium umfassend weitergebildet haben, die sich die Zeit nehmen, Ihnen zuhören, denen *Sie* wichtig sind und nicht der Punktwert im Abrechnungssystem der Krankenkassen.

Diese Heiler gibt es noch oder wieder! Aber es sind viel zu wenige. Denn auch Ärzte sind Teil des Systems, sind an gewisse Verträge gebunden, müssen Familien ernähren, hatten den Notenschnitt 1,2 im Abi, haben „nur" Medizin studiert und nicht Gesundheit. Und eigentlich sind sie auch Opfer ihrer Patienten.Viele von denen werden den Arzt nur wieder aufsuchen, wenn sie ein Rezept in die Hand bekommen. Dann geht's in die Apotheke, die weitere Familien ernährt. Nachbestellt und entwickelt wird bei der Pharmaindustrie. Studien zu neuen Medikamenten werden zum größten Teil von ihr finanziert. Immer schneller sollen sie wirken, Symptome einer Krankheit bekämpfen, möglichst mit anderen Medikamenten kombinierbar sein – bei einem Minimum an Nebenwirkungen und einem Maximum an Preisrealisation.

Gesundheit ist eine Industrie und auch Ergebnis der industriellen Revolution. Wenn allein der profitabelste

Energiedrink-Hersteller als einziger zig Millionen Euro in die Erforschung der Heilung der Querschnittlähmung investiert, dann drücke ich *Wingsforlife* alle Daumen. Die hehre Stiftung von Dieter Mateschitz ist eine gute Werbemaßnahme, selbst wenn das nicht einmal das Ziel des reichsten Österreichers ist. Doch Flügel werden auch im Hochleistungssport nur noch über Sponsoren verliehen.

Eigentlich würde man ja von der Pharmaindustrie erwarten, dass sie Gelähmte zu heilen versucht. Aber ist das auch so gewollt? Jeder einzelne Rollstuhlfahrer spült Tausende bis Zehntausende Euro – manchmal im Jahr oder sogar schon monatlich – ins System, „Fußgänger" nur einen Bruchteil davon. Schuldlos schuldig ist letztendlich der ahnungslose Rollstuhlpilot. Nicht alle stellen ihren Zustand nachhaltig genug in Frage. Den Teufelskreis zu durchdringen, muss eine Lebensaufgabe werden.

Wenn sich schon Politiker Gedanken um die Reform des Gesundheitssystems machen, dann tönt's bei mir „Tatütata!" Modern ist heutzutage nur die Wellness-Medizin: Haarimplantationen, Fettabsaugungen, neuer Busen. Teuer bezahlt wird, was schön macht. Ein Experte aus Zürich, der mir mal meinen Daumen wieder annähen musste, meinte damals, ich hätte Glück gehabt. Ich war seine letzte Hand-OP. Heute ist auch er Schönheitschirurg. Aber das – sind alles andere Geschichten.

Es wäre gelogen, würde ich behaupten, mit diesem Buch nicht auch Kohle verdienen zu wollen. Ja! Natürlich hoffe ich, dass es so viele wie möglich kaufen. Denn … ja, natürlich sollen meine Töchter mal Medizin oder Tiermedizin studieren können. Da muss ich mir aber schon jetzt überlegen, wie ich sie in der Wartezeit auf den Studienplatz durchfüttere und mit eventuellen Auslandsaufenthalten und unbezahlten Praktika bei Laune halte. Denn … nein, den Gefallen, Einser-Kandidatinnen zu sein, den haben mir meine Töchter bisher nicht getan.

Warum kein Mediziner zur Gesundheit zwingt

Ich bin schon an anderen Stellen auf den Zwickmühlen der Mediziner rumgeritten. Meine Meinung: Sie machen überall auf der Welt überwiegend einen überragenden Job. Die Ärzte, die an mir dran waren oder sind, gehören sogar zu den Besten. Ich würde sie ohne Wenn und Aber sofort weiterempfehlen. Nur – auch ein Michael Schumacher ist als siebenfacher Formel-1-Weltmeister nur so schnell, wie sein Stall das zulässt. Meines Erachtens werden die Fähigkeiten der westlichen Medizin weitgehend völlig überschätzt. Das System kann Sie im besten Fall gesund machen, gesund erhalten kann es Sie nicht.

Leider ist die westliche Medizin weniger an der Ursache Ihrer Erkrankung interessiert, vielmehr an Krankheiten. So lernen es Medizinstudenten an der Universität: Alles Allgemeine im zweijährigen Physikum in der vorklinischen Phase, dann in viereinhalb Jahren in der Spezialisierung der klinischen Phase. Dabei ist das letzte Jahr ein praktisches Jahr. Es endet mit der Approbation. Dann gehört man zu den Göttern in Weiß, einer der beliebtesten und glaubwürdigsten Berufsgruppen – und das zu Recht. Journalisten wie ich müssen da weit hinten anstehen, auch völlig zu Recht. Wenn der Doc also seine Meinung kundtut, fällt es gleichgültigen und faul veranlagten Patienten viel leichter, die Pille für bare Münze zu nehmen und nicht die Münze zu behalten. Schließlich muss er die Pillen ja auch nicht selbst bezahlen, sondern das Solidarsystem.

Keine Frage, aus der Erstversorgung bei Unfällen und Verletzungen sind Operationssäle und Notaufnahmen nicht wegzudenken. Die dort angestellten Ärzte sind sensationelle Lebensretter. Ich werde ihnen bis an mein Lebensende dafür dankbar sein. Aber für Menschen mit chronischen, degenerativen Erkrankungen ist ein Spital mitunter lebensgefährlich. Wenn Sie keine sofortige Hilfe benötigen, sollten Sie um Krankenhäuser einen großen Bogen machen. Denn kein Desinfektionsmittel der Welt kann die langen Flure überall richtig sauberhalten. Meinen Vater hätte ein antibiotisch-resistenter Sargnagel-Keim fast getötet. Zwei Wochen auf der Intensivstation: Die Lungenentzündung hatte er sich in einem Krankenhaus geholt.

Wenn Sie aber schnell gesund werden wollen, sind Krankenhäuser immer noch ein notwendiges Übel. Klinisch kalt und chronisch blass: Die Menschen, die da arbeiten (auch die Ärzte) sind schlechter bezahlt als in den meisten anderen Berufen. Das Pflegepersonal arbeitet oft an der Grenze der absoluten Belastbarkeit mit einem Maximum an Menschlichkeit. Ganz ehrlich: Wer mir den Po abwischen musste, verdient 'ne Menge Schmerzensgeld!

Oft bleibt das Klinikpersonal bis zu 36 Stunden am Stück wach. Vorgeschrieben ist, dass sich der Arzt nach 24 Stunden Dienst im Spital schlafen legt. Aber häufig wird er in der Nacht wieder geweckt. Notfall! Schlaftrunken im wahrsten Sinne des Wortes gleicht dieser Zustand dem von eine Promille Alkohol im Blut. So wanken sie manchmal zur OP und später noch ans Krankenbett zur Diagnose. Ärzte leisten in Deutschland jährlich 50 Millionen Überstunden, ohne Bezahlung und ohne Ausgleich. Viele sind nur auf Jahresbasis angestellt. Und von der Krankenhausleitung kommt ständig die Aufforderung, schneller zu arbeiten. Nur dann ist das ganze Konstrukt scheinbar noch aufrechtzuerhalten. Wer aufmuckt, bekommt Ende des Jahres den Vertrag nicht verlängert, ist arbeitslos wie 8000 andere Kollegen, die auf freie Stellen warten.

Mediziner sind auch in Abteilungen angestellt, für die sie gar nicht spezialisiert sind. Aber sie brauchen die Stelle. Urlaub geht für Weiterbildung drauf. Das Privatleben tendiert gegen Null. Das „kompensiert" der Berufsstand häufig mit Tabletten und Alkohol, psychische Erkrankungen und die höchste Selbstmordrate aller Berufe sind die

Folgen (Untersuchung der Uni Würzburg, Februar 2008; Direktor: Prof. Dr. med. Jürgen Deckert; Thema: Suizide und Suizidversuche bei verschiedenen Berufsgruppen; Dissertation von Thomas Lochthowe, Recklinghausen).

Zur Erinnerung: Eigentlich stehen sie unter dem Eid des Hippokrates (* 460, † 370 v. Chr.). Er wurde 90 Jahre alt. Dabei lag die Lebenserwartung eines Mannes damals nur bei der Hälfte. Der griechische Arzt von der Insel Kós hat als Erster die ärztliche Ethik grundlegend formuliert. Der Eid des Hippokrates wird in seiner klassischen Form heute nicht mehr abgelegt. Er hat auch keine Rechtswirkung. Gleichwohl enthält er mehrere Elemente, die weiterhin Bestandteil ärztlicher Ethik sind: u. a. die Schweigepflicht, das Gebot, Kranken nicht zu schaden und das Verbot sexueller Handlungen an Patienten. Manches ist aus heutiger Sicht nicht mehr aktuell, wie das Verbot, Blasensteine zu operieren, da Chirurgen damals neben den Ärzten einen eigenen Berufsstand bildeten. Das wird heute uminterpretiert, etwa in das Verbot, Behandlungen durchzuführen, obwohl der Arzt nicht das nötige Spezialwissen dafür besitzt. Schwangerschaftsabbruch und aktive Sterbehilfe werden durch den Eid des Hippokrates ausdrücklich untersagt!

Die Übersetzung des Hippokrates-Eides aus dem Altgriechischen ins Deutsche lautet wie folgt:

Ich schwöre und rufe Apollon, den Arzt, und Asklepios und Hygieia und Panakeia und alle Götter und Göttinnen zu Zeugen an, dass ich diesen Eid und diesen Vertrag nach meiner Fähigkeit und nach meiner Einsicht erfüllen werde.

Ich werde den, der mich diese Kunst gelehrt hat, gleich meinen Eltern achten, ihn an meinem Unterricht teilnehmen lassen, ihm wenn er in Not gerät, von dem Meinigen abgeben, seine Nachkommen gleich meinen Brüdern halten und sie diese Kunst lehren, wenn sie sie zu lernen verlangen, ohne Entgelt und Vertrag.

Und ich werde an Vorschriften, Vorlesungen und aller übrigen Unterweisung meine Söhne und die meines Lehrers und die vertraglich verpflichteten und nach der ärztlichen Sitte vereidigten Schüler teilnehmen lassen, sonst aber niemanden.

Ich werde ärztliche Verordnungen treffen zum Nutzen der Kranken nach meiner Fähigkeit und meinem Urteil, hüten aber werde ich mich davor, sie zum Schaden und in unrechter Weise anzuwenden.

Auch werde ich niemandem ein tödliches Gift geben, auch nicht, wenn ich darum gebeten werde, und ich werde auch niemanden dabei beraten; auch werde ich keiner Frau ein Abtreibungsmittel geben.

Rein und fromm werde ich mein Leben und meine Kunst bewahren.

Ich werde nicht schneiden, sogar Steinleidende nicht, sondern werde das den Männern überlassen, die dieses Handwerk ausüben.

In alle Häuser, in die ich komme, werde ich zum Nutzen der Kranken hineingehen, frei von jedem bewussten Unrecht und jeder Übeltat, besonders von jedem geschlechtlichen Missbrauch an Frauen und Männern, Freien und Sklaven.

Was ich bei der Behandlung oder auch außerhalb meiner Praxis im Umgange mit Menschen sehe und höre, das man nicht weiterreden darf, werde ich verschweigen und als Geheimnis bewahren.

Wenn ich diesen Eid erfülle und nicht breche, so sei mir beschieden, in meinem Leben und in meiner Kunst voranzukommen, indem ich Ansehen bei allen Menschen für alle Zeit gewinne; wenn ich ihn aber übertrete und breche, so geschehe mir das Gegenteil.

Ich denke, damit hat der gute Hippokrates alles gesagt.

Kleine und große Schmerzen

Es gibt kleine Schmerzen und große Schmerzen, mal im Kopf, mal im Körper. Jeder empfindet sie anders. Da reicht das Spektrum von „Aua" bis Ohnmacht, ob das jetzt am Schmerz an sich liegt oder an der bloßen Schmerztoleranz des Opfers.

Schmerzen, das lernen wir schon von klein an, sind böse, sehr böse. Die will keiner haben. Und wenn die Hüftpatientin Edith K., 59, aus der Dorotheenstraße in Bonn, bei ihrer Physiotherapie an der Beinpresse nach zehn von zwanzig Wiederholungen sagt: „Hören Sie mal! Mir tun aber die Beine weh!" Ich bin überzeugt, neun von zehn Physio-therapeuten werden antworten: „Dann hören Sie auf, Frau K.!" Warum? Weil sie ihre Patienten kennen. Und wenn der Patient keinen Bock hat, dann funktioniert diese Ausrede immer am besten. Denn Schmerzen sind böse, sehr böse. Das hat der Arzt ja auch gesagt. Dass der aber mitunter ganz andere Schmerzen gemeint hat, wird gern außer Acht gelassen.

Eigentlich könnte ich dieses Kapitel hier abschließen. Denn die nächsten Zeilen wird mir der eine oder andere Experte gerne um die Ohren hauen. Aber das sollen sie. Das tut mir nicht weh. Ich habe meine Schmerzen lieben gelernt. Nicht alle, aber manche, auch einige, die sehr böse waren. Und ich habe gelernt, dass Schmerzen bei jeder Genesung dazugehören.

Der Reihe nach: Da liege ich also am ersten Morgen nach dem Unfall in Windeln da und spüre unterhalb des Bauchnabels gar nichts mehr. Dafür meldet sich jede Stunde mein „atomisiertes Handgelenk" (Original-Ton Dr. Richard Zinnecker, Gelenkchirurg Feldkirch, Vorarlberg, Österreich). Schmerzmittel kommen automatisch jeden Tag auf die Schiene. Das sind diese Pillendosen aus dem Krankenhaus, die aussehen wie Saucen-Schälchen beim Asiaten. Morgens, mittags, abends bekomme ich täglich fünf Gramm Chemie. Da ist sogar eine Pille dabei, die einzig und allein dafür sorgen soll, dass mein Magen die ganze Chemie aushält. Toll!

Jetzt wäre ein guter Zeitpunkt, das Kapitel abzuschließen.

…

Entschuldigung. Ich hatte gerade einen Lobbyisten der Pharma-Industrie am Telefon. Aber er hat mir zu wenig geboten. Deswegen so viel zum Thema Pillen: Die deutsche Pharma-Industrie machte im Jahr 2009 41 Milliarden Euro Umsatz, trotz Finanzkrise! Sie verdiente sogar gut im 3. Quartal 2008, als der Investmentbank Lehman-Brothers in New York das Aspirin ausgegangen ist. Deshalb habe ich das Geld meiner Unfallversicherung in Bayer- (bis 09/2010 plus 25 Prozent) und BASF- (bis 09/2010 plus 65 Prozent) Depots angelegt. Ja! Ich glaube an unsere Pharmaindustrie, und ich glaube an Krankheiten und an die Schmerzen anderer. Tabletten sind einfach in der Handhabung, schnell in der Abrechnung. Und das Beste daran ist: Jeder Arzt kennt sich mit den Präparaten aus und verschreibt sie immer wieder gerne. Ich habe in der ersten Woche *Novalgin* eingeschmissen, in der zweiten Woche kam das Opiat *Tramal* dazu, in der dritten Woche war ich druff. Aber das wusste ich damals noch nicht.

Alles hat damit angefangen, dass sich das Harakiri-Messer in meinem Unterarm jeden Tag fester gedreht hat. Durch den Sturz ist der Gelenkkopf meiner Speiche zermahlen und durch Beckenknochen ersetzt worden. Alles wird von außen durch einen Titan-Fixateur zusammengehalten. Vier acht Zentimeter lange Schrauben stecken tief in meinem Unterarmknochen. Das tut ordentlich weh, ist ohne Schmerzmittel unerträglich. Am Anfang bekomme ich *Novalgin*. Doch das wirkt nicht gut genug. Ich frage nach etwas Stärkerem und lande bei meiner ersten *Tramal*,

50 mg. Jetzt kann ich mir ungefähr vorstellen, wie sich Heroin anfühlen muss. Wow! Ich bin einen Nachmittag mit dem Rolli regelrecht über die Flure geflogen. Und als ich die Akut-Klink verlasse, bin ich schon auf 200 mg. „Kein Problem", sagt der Arzt, „die tägliche Höchstdosis liegt erst bei 800 Milligramm." Na dann, hau rein … ist Tango!

Mein Entzug dauert zwei Wochen. Und das hat schon etwas von Entgiftung in einer Junkie-Klinik. Am Anfang denkst du, absetzen allein reicht. Das lässt du aber ganz schnell wieder sein, weil du mit grippeähnlichen Symptomen kaum noch schlafen kannst. Unruhe, depressive Zustände, Zittern – im Nachhinein schmeckt allein der Gedanke daran ekelhaft.

Schmerzen werden meines Erachtens weitghend überbewertet. Es ist gut, sie als reines Warnsignal zu haben. Treten Schmerzen beim Heilungsprozess auf, ist das aber ganz normal. Und wenn Sie wieder etwas mit Ihrer Hand, Ihrem Bein, dem Fuß, der Schulter, also mit Ihren Gliedmaßen vorhaben, dann tut's auch in der Reha richtig weh. Mein gebrochenes Handgelenk wurde mir während der Physiotherapie gefühlte 100 Mal neu gebrochen. Der Gelenkkopf des Radius, der Speiche, ist durch den Unfall ja „atomisiert" worden. „Da werden Sie noch richtig Probleme mit bekommen. Das werden Sie Ihr ganzes Leben lang spüren", meint Dr. Richard Zinnecker. Am Anfang bestätigen sich seine Befürchtungen. Nach neuneinhalb Wochen im Fixateur extern, dem Titangestell am Unterarm, ist mein Handgelenk so fest wie ein festgerostetes Scharnier. Mir wurde bei der OP Spongiosa-Knochen aus dem Beckenoberkamm entnommen, weil er dort bis zu einem gewissen Maße noch entbehrlich ist. Damit wurden mir ein neuer Wirbel und ein Handgelenk gebaut. Spongiosa vom Becken reicht bei Radius-Trümmerfrakturen aus, um dort ein neues Scheingelenk zu bilden. Das wird nie so gut sein wie das Original. Aber es erfüllt seinen Zweck.

Der Heilungsprozess hingegen ist nichts für Weicheier. Das tut auch weh, ohne dass man mit dem Titangestell ständig irgendwo hängen bleibt. Und wenn das Gestell weg ist, geht's erst richtig los. Dann versuchen die Therapeuten, das Handgelenk zu mobilisieren. Das geht nur mit kontrollierter Gewalt. Ich lebe anfangs täglich 25 Minuten nah am Tränental, weil ich meine Physiotherapeuten immer anhalte, noch weiter zu drücken und zu ziehen. Sonst hätten sie mich zu sehr geschont. Ich bin erst zufrieden, als ich mit der rechten Hand wieder winken kann, wie die Queen vom Balkon in Buckingham Palace. Nach sechs Monaten ist die Therapie beendet. Ich bin weitestgehend schmerzfrei. Heute kann ich sogar wieder Klimmzüge machen. Als mein Operateur aus Österreich das hört, ist er zu Recht stolz auf seine Arbeit. Denn ich war bis heute „die komplizierteste Gelenk-OP" seiner Karriere und wahrscheinlich auch die glücklichste. Heute habe ich gar keine Schmerzen mehr, dank der Traditionellen Chinesischen Medizin (TCM) und dank meiner Einstellung. Akupunkturnadeln sind die Speerspitze der TCM. Die Nadeln wirken. Paradoxerweise geht das wieder über den Schmerz. Die Nadel trifft dann besonders gut, wenn es weh tut … und nimmt dir dadurch erst die eigentliche Pein. Dank TCM sage ich heute: Rückenschmerzen ade, Kopfschmerzen kenne ich nicht mehr und erkältet bin ich nur ein Mal im Jahr, und wenn, dann weiß ich, warum.

Schmerzen machen mir keine Angst mehr. Früher hatte ich schon Tage vor dem Zahnarzttermin Bammel. Heute habe ich Taktiken entwickelt, wie ich am Tag X mit Schmerzen umzugehen habe.

Mein bestes Schmerzmittel ist meine Einstellung:

1. Schmerzen sind etwas Gutes. Schmerzen sind unsere Freunde. Denn sie zeigen uns, dass etwas in unserem Körper nicht stimmt.

2. Wer gesund werden will, wer hart dafür trainiert, der braucht Schmerzen, um weiterzukommen.

3. Es gibt verschiedene Schmerzen. Lerne sie kennen und verstehen. Was ist guter Schmerz, was ist böser Schmerz?

4. Denke nicht schon vorher an die Schmerzen einer Behandlung. Dann tut es dir nur doppelt weh! Denn Angst vor Schmerzen verstärkt sie nur noch.

5. Wenn der Schmerz da ist … versuche mal, dich richtig tief in ihn einzugraben. Versuche, ihn noch intensiver wahrzunehmen. Sage dir einfach: „Schmerz … du bist nicht nur eine Erfahrung, du bist mein Freund." Mache also genau das Gegenteil: Siege über den Schmerz und entdecke das Gefühl „Schmerz" neu. Dann bekommt er eine ganz andere Dimension. Das kann so weit gehen, dass man Schmerzen regelrecht von sich abtrennen kann, dass man ihrer endlich Herr geworden ist.

Das Schlimmste, was man bei Schmerzen tun kann, ist ständig an sie zu denken und sich zu sorgen. Wenn Sie abgelenkt sind, dann spüren Sie den Schmerz zum Teil gar nicht. Beispiel: Sie haben sich den Fuß verstaucht, jeder Schritt tut weh. Aber Sie haben Hunger, müssen einkaufen. Dann humpeln Sie über die Straße, stecken einen Euro in den„Fußgänger-Einkaufs-Rollator". Sie rollen rein, ächzen immer noch bei jedem Schritt. Bei jeder Ware überlegen Sie, ob es sich lohnt, sie in den Einkaufswagen zu legen. Schließlich müssen Sie später alles noch hochschleppen. Sie kaufen Gemüse für heute und morgen ein, Milch, Bio-Rind. Dann … stehen Sie vor dem Gummibärchen-Regal. Klar, die gehören auch dazu. So! Ich schwöre: Spätestens, wenn Sie überlegen, ob es die Fruchtgummis oder die Weingummis sein sollen, haben Sie vergessen, dass der

Fuß höllisch schmerzt! In dem Moment spüren Sie den Schmerz nicht mehr. Das kann jeder bei sich selbst erleben. Der Mensch ist gar nicht fähig, ständig seinen Schmerz wahrzunehmen. Beim Schlafen ist das normal, und im Alltag passiert das eben auch. Lernen Sie also, zu vergessen. Denken Sie einfach nicht dran. Wenn es schmerzt, dann ist das eben so … wenn Sie dran denken, dann eben nur noch länger.

Gute Pillen, schlechte Pillen

Gibt es überhaupt „gute" Pillen? Sagen wir mal so: Auch sie sind ein notwendiges Übel. Die meisten helfen nur gegen Symptome einer Krankheit, etwa Kopfschmerzen, Übelkeit, Erektionsprobleme, Schwangerschaft … Entschuldigung, Letzteres war unsachlich. Sie werden aber verstanden haben, wie ich das meine. Medizin ist – wie fast alles – ein Geschäft. Du gehst hin, legst ein Rezept oder Kohle auf den Tisch und bekommst dafür deine Ware. Dann setzt du dich wieder an den Computer, kannst weiterarbeiten, denn die Kopfschmerzen sind weg. Dabei war es nur ein Verspannungsschmerz. Nach sechs Stunden schmeißt du die nächste Pille. Dabei wäre spätestens jetzt eine Massage ein wirkliches Mittel, eines, das auch heilen kann. Ich könnte dieses Spiel jetzt auch noch mal mit Verstopfungen durchexerzieren, aber das würde mir meine Lektorin bestimmt rauskürzen, mit dem Argument, mein Text sei am Ende eh zu lang.

Medikamente sind keine Vitamine. Hunderttausende Patienten schlucken nach Darstellung von Experten sogar Pillen, die ihnen mehr schaden als nützen. So rein aus dem Ärmel geschüttelt fallen mir wenige Präparate ein, die Krankheiten beseitigen können. Da wären Antibiotika gegen alle bakteriellen Entzündungen. Ihr Nachteil:

Sie lassen auf Dauer resistente Keime entstehen, gegen die dann gar kein Kraut mehr gewachsen ist. Außerdem begünstigen sie Pilzerkrankungen, hauen unseren ganzen Metabolismus für Wochen aus dem Lot und vermindern unsere eigene Immunabwehr. Und wer als Querschnittgelähmter jahrelang Antibiotika gegen Blasenentzündungen schluckt, bei dem ist spätestens nach 20 Jahren Schluss. Dann verabschieden sich die Nieren. Dagegen helfen keine Antibiotika mehr, da hilft nur noch die Dialyse.

Bei der Krebsbekämpfung gibt es mittlerweile einiges, das hilft und im Fall von Gebärmutterhalskrebs sogar obsiegt. Chronische Myeloische Leukämie ist über viele Jahre kontrollierbar geworden, auch wenn die Medikamente pro Patient mit Tausenden von Euro monatlich(!) zu Buche schlagen. Das begründen die Pharmakonzerne mit den niedrigen Indikationszahlen und den hohen Entwicklungskosten. Es gibt einfach zu wenige Patienten dafür.

AIDS ist seit seinem Auftreten 1983 ein Hauptgebiet der Forschung. HIV-Infizierte können mittlerweile mithilfe eines wahren Pillencocktails überleben. Viele sterben bereits vor Ausbruch der Krankheit den natürlichen Tod. Sie haben ihre Infektion dank der Medikamente überlebt, auch wenn die Nebenwirkungen ihre Uhr um einiges vorgestellt haben werden.

Depressionen sind eigentlich unheilbar. Nur mit Medikamenten sind sie in den Griff zu bekommen. Für mich ist das eine der schlimmsten Krankheiten. Sie nimmt dir die Lebensfreude und die Kraft zur Selbstheilung, der stärksten Medizin der Welt.

In der Therapie sind viele Medikamente kontraproduktiv, weil sie entweder müde und schlapp machen oder den Kopf auf Durchzug stellen. Deswegen rate ich, den Beipackzettel immer genau zu studieren. Wenn bei Nebenwirkungen unter „Sehr häufige" steht: „Schläfrigkeit, Abstumpfung (vor allem zu Beginn der Behandlung),

Übelkeit", dann bedeutet das, dass die Wahrscheinlichkeit sehr hoch ist, so etwas selber auch zu bekommen.

Immer noch hoch ist die Wahrscheinlichkeit bei „Häufige Nebenwirkungen", etwa „Depressionen, Aufgedrehtheit (Euphorie), Wahnvorstellungen, Albträume, Verwirrtheit (insbesondere bei älteren Patienten), Müdigkeit, Benommenheit, Willensschwächung, Zittern, Gangunsicherheit, Kopfschmerzen, Schwindel, Schlafstörungen, Ermüdung, Atemstörungen, Augenzittern, Störungen des Scharfsehens, Sehstörungen, Herzklopfen, Herzleistungsverminderung, niedriger Blutdruck, Würgen, Erbrechen, Mundtrockenheit, Durchfall, Verstopfung, Magen-Darm-Störungen, Brechreiz, Blasenentleerungsstörungen (häufiges Wasserlassen, Bettnässen, Harnzwang), Hautausschlag, Schwitzen, Muskelschwäche, Muskelschmerzen".

„Seltene Nebenwirkungen" beschreiben oft Zustände, die eigentlich keiner mehr ertragen kann. Spätestens jetzt sollten Sie das Medikament liegen lassen und zum Arzt gehen, zum Beispiel bei „Aufregung, nervlichen Missempfindungen, Geschmacksstörungen, Bauchschmerzen, Harnverhaltung, Leberfunktionsstörungen, Sprechstörungen, Erektionsstörungen".

„Sehr seltene und vereinzelte Nebenwirkungen" sind mitunter schon lebensbedrohlich: „Überempfindlichkeitsreaktionen, akute Gehirnfunktionsstörungen (mit EEG-Veränderungen, Desorientiertheit, Zittern, Aufregung und Muskelkrämpfen), Mund-Gesichts-Zuckungen, Körpertemperaturerniedrigung, Leber-Enzym-Werterhöhung".

Wenn das alles draufsteht, dann wundern Sie sich bitte nicht, wenn's auch so kommt: „Oh, das habe ich nicht gewusst." Auch Bullshit! Jeder ist selbst verantwortlich für das, was er schluckt.

Die Wahrheiten der Traditionellen Chinesischen Medizin

Die Traditionelle Chinesische Medizin (TCM) ist 5000 Jahre alt. Sie ist wahrscheinlich die älteste Medizin der Welt, wenn wir mal von der Erfindung des Alkohols absehen. Das erste Bier haben nämlich die Mesopotamier 6000 v. Chr. gebraut. Die westliche Medizin ist viel später entstanden, ist nur halb so alt wie TCM. Trotzdem hat es lange gedauert, bis chinesische Heilmethoden bei uns zugelassen und anerkannt wurden. Ich persönlich halte von der TCM und ihren Ansätzen mehr, als vielen Ärzten lieb sein wird. Es gibt keinen Allgemeinarzt, keinen Facharzt in Deutschland, der mich gesünder erhält als meine chinesische 女医生 (n ǚ y ī sh ē ng).

Allgemein denkt jede Langnase, Schlitzaugen gehen zur Akupunktur, Nadel rein, Patient fertig. Tatsächlich ist das nur ein Teilbereich. Der chinesische Arzt und seine Kollegin erkennen Gesundheitsrisiken und Krankheiten mithilfe der Zungen-Diagnostik: Farbe, Oberfläche, Feuchtigkeitsgrad, Beschaffenheit, die nur erkennen und deuten kann, wer sich jahrzehntelang damit beschäftigt hat. Den Puls messen sie an der linken und rechten Hand gleichzeitig. Ich bin überzeugt, meine 女医生 könnte bei „Wetten, dass“ Menschen blind am Puls unterscheiden bis hin zum Zustand ihrer Organe. TCM bewertet den Patienten in seiner Gesamtheit, vor allem seine Lebensumstände. Außerdem sind chinesische Mediziner nicht nur gute Beobachter, sondern auch sehr gute Psychologen. Denn natürlich hat ein Leiden viele Ursachen. Sonst würden wir ja nicht sagen: „Du machst mich krank!"

Bevor die Nadeln pieksen, lernen sich Arzt und Patient während einer ausführlichen Anamnese kennen. Sind Sie ein Yin- oder ein Yang-Typ, mehr dieses oder mehr jenes? Haben Sie hier zu viel und da zu wenig? Yin-Typen tendieren eher in Richtung Ruhe. Da fehlt mitunter Energie. Wer 100 Prozent Yang ist, wie ich, der tritt mit zu viel Energie, Hitze, Kraft an. Das gleicht TCM aus, allein schon durch die Tatsache, dass mir mein China-Doc von scharfen Speisen und Alkohol abrät. Das würde mich noch mehr anheizen, unter Umständen sogar krank machen.

Die Gesamtheit des Patienten ist also wichtig. Das ist wie bei einer Fußballmannschaft. Klar ist es toll, einen Lukas Podolski im Sturm zu haben. Aber wenn es hinten nicht stimmt, kann der vorne so viele Tore schießen, wie er will. Der Abstieg wird dann trotzdem immer drohen. Und wer einen Lukas Podolski in der Elf hat, der weiß auch, dass der nur funktioniert, wenn er sich nicht die Bälle holen muss, sondern in der Hälfte des Gegners lauern kann. Mein Körper funktioniert nach einem ähnlichen Prinzip. Im Herzen schlägt Stürmer Lukas Podolski. Meine Lungen sind unsere Mittelfeldspieler mit dem Libero, der seine Mannschaft dirigiert. Die Leber ist die Innenverteidigung, für angemessene Emotionen zuständig. Wenn die patzt, dann platzt die ganze Südkurve im Stadion! Stimmt's in der Außenverteidigung nicht, schlägt mir das auf den Magen. Und wenn der 1. FC Köln nicht traditionsgemäß so gute Torhüter hätte, käme nur noch Dünnpfiff dabei raus. Kurz: Für erstligareifen Fußball muss alles stimmen, vom Stürmer bis zum Goalie. Meine chinesische Ärztin hat zwar null Ahnung vom Fußball, aber meine Mannschaft kennt sie genau. Sie ist für die Aufstellung verantwortlich, vom Scheitel bis zur Sohle.

So … und dann nimmt der China-Doc also seine Nadeln und steckt sie dir rein. Je nach Dicke des Geräts (zwischen 0,2 und 0,35 mm im Umfang) tut das auch mal weh, zum Beispiel, wenn es da reingeht, wo der Punkt im Körper sitzt, der mit deinem Problem verbunden ist. Hier geht es vor allem um Prävention. Die Nadel reizt, und der Körper reagiert. Wenn Krankheit droht, dann fließt Energie in Ihnen falsch und zwar schon lange vorher. Die TCM bringt die energetischen Flüsse des Körpers wieder in Ordnung und löst Blockaden. Sie bringt das Gleichgewicht, das sogenannte Qi (ausgesprochen Tschi) zurück. Das funktioniert über die Meridiane. Jeder Punkt des Körpers ist mit Organen verbunden. Der Fußboden und die Zehen zum Beispiel sind ein perfekter Spiegel unserer Innereien. Deswegen ist auch Fußreflexzonenmassage so gesund. Sie funktioniert ähnlich. Druck auf die Akupunktur-Punkte hat vergleichbare Wirkungen, ist aber schwerer nachhaltig umzusetzen.

Einfacher gesagt: Stellen Sie sich vor, Sie bekommen eine Erkältung. Dann sind bestimmte Körperteile schon vor Ausbruch kälter oder wärmer. Dieses Prinzip lässt sich auf alle Malaisen übertragen. Wenn zu viel Energie in einem Körperteil wütet, leiten Nadeln sie aus, wenn zu wenig Energie da ist, muss sie zugeführt werden, etwa durch glimmende Beifuß-Bällchen, die oben auf den Nadeln stecken. Wenn es nötig ist, dürfen die auch mal direkt auf der Haut verkoken. Dass die dabei gereizt wird, ist ein willkommener Effekt.

Es funktioniert! Seit fast fünf Jahren bin ich dabei, im ersten Jahr drei Mal die Woche, seitdem nur noch mittwochs um 9:30 Uhr. Von zehn Blaseninfekten aus meiner Zeit mit suprapubischem Katheter (Januar 2007 bis Februar 2008) mal abgesehen, hatte ich seit 2007 nur drei Infekte, alles leichte Erkältungen. Kein Magen-Darm-Virus, keine Grippe, keine Kopfschmerzen, keine Rückenschmerzen, keinen sonstigen Scheiß, der das Leben schwerer macht und einen Para- oder Tetraplegiker wieder auf „Los“ setzt.

Glauben Sie nicht? Müssen Sie auch nicht. Das ist mir sogar ganz recht. Denn außerhalb von Asien gibt es viel zu wenig gute TCM-Profis. Ordentlich studieren kann der Mediziner so etwas nur in China selbst. Und auch dann werden Langnasen immer nur die zweite Wahl bleiben. Mir hat einmal ein deutscher Arzt für Inneres hinter vorgehaltener Hand verraten: Wäre er Koch, würde er in China im übertragenen Sinne gerade mal zum Reiszubereiten eingeteilt werden und das, obwohl der Deutsche fünf Jahre in Peking studiert hat. Das mag rassistisch klingen, aber leider sieht er das ähnlich wie ich. TCM-Arzt ohne Schlitzaugen ist Kappes, wie der Rheinländer sagt. Warum? Weil Chinesen anders denken und aufgewachsen sind. Sie glauben nicht erst, was eine millionenteure Studie belegt oder widerlegt hat. Sie glauben, was ihnen der gesunde Menschenverstand sagt.

Die TCM bedient sich eines Ansatzes, der in der westlichen, 2500 Jahre jüngeren Medizin lange belächelt wurde. Da die von der TCM angenommenen Wirkmechanismen schulmedizinisch nicht nachgewiesen werden können, diese sogar den westlichen Erkenntnissen über Funktion und Aufbau des menschlichen Körpers widersprechen, wird von Kritikern für die Wirksamkeit unsauber der Placebo-Effekt verantwortlich gemacht. Alles Quatsch! Wer behauptet, unser Körper bestehe nur aus erkennbaren Gewebestrukturen, der kennt die Zusammenhänge nicht. Nur weil unsere Medizin ihre Kraft aus Studien bezieht, darf das nicht heißen, dass die TCM unwissenschaftlich ist, weil ihr das nicht gelingt. Sie lässt sich nur nicht mit den Instrumenten westlicher Studien belegen. Das liegt zum einen daran, dass die TCM auf eigenen Denkansätzen und Maßeinheiten aufbaut. Zum anderen besteht die chinesische Schrift nicht aus reinen Zahlen und Buchstaben wie wir sie benutzen.

Die Medizin aus China vertraut der subjektiven Wahrnehmung, sowohl der des Patienten, wie auch der des Therapeuten. Beide werden bewusst zur Diagnose und Therapie eingesetzt. In Studien der westlichen Medizin ist das normalerweise umgekehrt. Psychosoziale Faktoren zwischen Therapeut und Patient sind möglichst auszuschließen. Oder auf gut Deutsch: Bei uns bezahlen Sie den Arzt immer, in China nur, solange Sie gesund sind!

Da passt es für mich wie die Faust aufs Auge, dass meine chinesische Ärztin, Frau Dr. Min Liu, nicht nur ihre Facharztprüfung für Innere Medizin in Deutschland noch mal machen musste, sondern auch noch die Prüfung für Akupunktur, damit sie ihre Qualifikation in Deutschland nachweisen kann. Ihr Studium der TCM in China wurde hier nicht anerkannt. Man konnte auch ihre Diplome nicht lesen. Die chinesische Schrift und Sprache in unseren Kontext einzubinden, das fällt mitunter schwer. Sie benutzen Bilder, wir Buchstaben. Die Betrachtungsweise ist so quasi gegensätzlich. Wenn mich 女医生 (n ǚ y ī sh ē ng) untersucht, dann denkt sie auch in ihrer chinesischen Sprache. Auf Deutsch wird's schwierig und mitunter „trüberisch". So hat sie meine Zunge mal beschrieben. Heute weiß ich, was sie meint. Es war nie von „trügerisch" die Rede, noch spielte dieser Gedanke eine Rolle. Meine Zunge sieht mitunter trübe aus. Das mag auch mal meiner Stimmung entsprechen, meint aber gleichzeitig den Gesamtzustand von Patient Holubek inklusive seiner Organe. Wenn ich also „trüberisch" wirke, sozusagen auf dem Wege zur Trübheit, dann liegt was in der Luft. Wie gut, dass es eine Expertin gibt, die das erkennt.

Leider gibt es wenige alte Bücher über TCM. Der erste chinesische Kaiser Qín Shǐhuángdì (chin. 秦始皇帝 „Erster erhabener Gottkaiser von Qin"), eigentlich Yíng Zhèng (chin. 嬴政), (* 259 v. Chr. in Handan, † 10. September 210 v. Chr. in Shaqiu), der Gründer der chinesischen Qin-Dynastie und des chinesischen Kaiserreiches hat die meisten Bücher 213 v. Chr. verbrennen lassen. Wahrscheinlich ließ sich der Erbauer der chinesischen Mauer von seiner Paranoia vor Machtverlust leiten, ausgelöst durch eine schleichende Quecksilbervergiftung. Schamanen hatten ihm zu dem Gift geraten. Wäre er mal bloß bei den Nadeln geblieben. Die waren damals zwar aus Holz, aber genauso wirksam wie die heutigen aus Metall.

Als ich das erste Mal bei Dr. Min Liu war, wäre ich am liebsten gleich wieder rausmarschiert. Nur, dass ich damals noch nicht gehen konnte. Woche drei nach dem Unfall: Durch ein langes Einführungsgespräch wusste die 50-jährige Frau mit dem dichten schwarzen Haar und starken chinesischen Akzent alles über mich, auch wenn ich es ihr noch nicht erzählt hatte.

Am D-Day bekam ich 38 Nadeln, die meisten in den Rücken. Und als ich mich dann auf die Nadeln legen sollte, hab ich noch lauter geschrien. Denn klar – ich hatte immer schon Angst vor Spritzen und Nadeln gehabt. Und jetzt sagt die „trüberische Frau": „Hinlegä, Herr Holiuubek!" Auf die Nadeln? Ja! Ich brauchte mindestens fünf Anläufe, wusste ja nicht, dass die Nadeln so gesteckt sind, dass sie im Liegen nach oben klappen und niemals tiefer in Organe eindringen können. Und wenn man dann locker liegt, kann man darauf sogar locker einschlafen, wenn(!) man erst mal liegt!

„Bitte legen Sie sich jetzt hin!", befahl mir Dr. Liu sehr energisch und nahm meinen Hinterkopf in die eine Hand, mit der anderen drückte sie gegen meine Schulter. Das war auch das letzte Mal, dass die Chinesin „Bitte" zu mir sagen musste. Ich mache heute alles, was die Heilerin verlangt. Ich versuche, ihre Empfehlungen so gut es geht zu berücksichtigen, komme oft mit schlechtem Gewissen in ihre Praxis, wundere mich nicht, dass sie auch mal ungehalten reagiert und empfehle sie trotzdem meinen besten Freunden weiter. Auch wenn sie mir alle meine schönen Gewohnheiten genommen hat … fast alle. Keine Pommes, keine Wurst, kein Spargel, keine Erdbeeren und viele Sachen mehr, die schmecken, aber ungesund sind. Und – das war am Anfang das Schlimmste: Sie nahm mir den Alkohol!

Ja, ich habe früher viel Alkohol getrunken. Das sage ich aber aus meiner heutigen Sichtweise. Ja, ich würde heute noch Alkohol genießen, wenn ich nicht krank geworden wäre. Aber mein Weinkeller, den ich in 20 Jahren Hingabe aufgebaut habe, ist mittlerweile verwaist oder bei Ebay verkloppt worden – ich hatte mal 2.500 Flaschen. Und früher habe ich mit meiner Partnerin jeden Tag eine geleert, des puren Genusses wegen.

So … vorbei. Ich trinke heute höchstens EIN Radler ab und zu mal zum Abendbrot und, wenn es aus einer würdigen Flasche kommt, auch mal EIN Glas Wein zum Dinner. Vier bis fünf Mal im Jahr gebe ich mir auch die Kante, aber dann nix jenseits der 1,0 Promille. Sonst reagiert mein Körper eine Woche lang auf die Vergiftung.

Dr. Liu konnte mir zu Beginn unserer Therapie bis aufs Glas genau sagen, wie viel ich konsumiert hatte. Klar habe ich sie am Anfang belogen. „Ein, zwei Gläschen maximal, Frau Dr. Liu." Dabei waren es immer drei.

Bis ich dann selbst festgestellt habe, wo das Problem lag. In den ersten Monaten hatte ich noch sehr viel Zitterspastik, weil die Nerven von oben ziellos befeuert wurden, aber unten nix ankam. Sie sagte mir voraus, dass ich eines Tages Krämpfe bekommen würde, und das kam dann auch so. Und ich „Hein Blöd" wunderte mich, warum ich manchmal in der Nacht so schlimme Wadenkrämpfe bekam, dass ich erst fünf Minuten ums Bett laufen musste, um locker zu werden. Alkohol entzieht den durch die Lähmung eh schon mickrigen Muskeln das Wasser. Ein gesunder Mensch merkt das fast nicht. Ich schlafe dann kaum und kann die Muskeln, die ich ja eigentlich wieder aufbauen will, zwei Tage lang nicht benutzen. Da überdenkt man sich und den Weinkeller neu.

So … und wie hilft die TCM in meinem Fall, also bei inkompletter Paraplegie? Fantastisch. Sie fördert die Durchblutung und die Energie, die mir unterhalb des Bruchs so sehr fehlt und … die TCM hält mich gesund. Sie hilft mir wie keine andere Fachrichtung der Medizin, weil sie mich in meiner Gesamtheit betrachtet und ernst nimmt. Ich bin von Haus aus ein Heißsporn, im wahrsten Sinne des Wortes. Ich bin 100 Prozent Yang, Kraft, Aktionismus. Wenn ich schlecht oder zu wenig esse, dann nehme ich relativ schnell ab, mitunter auch an Körpereiweiß. Meine Leber produziert viel mehr Energie und Wärme als z. B. die eines Yin-Typen. Dadurch verdunstet viel Wasser über meine Haut. Ich habe eigentlich immer Durst, trinke Minimum fünf Liter am Tag.

Früher habe ich scharfes Essen geliebt, an Chilischoten-Wettessen teilgenommen. Ich durfte sogar als Chili-Experte im Fernsehen auftreten. Aber Dr. Liu sagt, ich sollte lieber darauf achten, meinen Körper nicht noch extra durch das scharfe Capsaicin in der Schote anzufeuern. Denn der Stoff ist die stärkste Halluzination von Hitze, die es gibt. Schon geringste Teile davon gaukeln den Wärmerezeptoren in der Haut vor, sie würde verbrennen. Dann fängt man automatisch an zu schwitzen, denn der Körper denkt ja, dass er die Haut kühlen muss. Ich muss dann noch mehr trinken. Und das ist nicht gut für mich.

Wenn sich etwas bei mir anbahnt, etwa eine Entzündung, dann empfiehlt sie mir spezielle Nahrungsmittel. Ich nenne hier keine Beispiele, denn das kann bei jedem Menschentyp anders sein. Der eine braucht mehr von dem, der andere mehr von jenem.

Und so sieht sich Dr. Liu mein ganzes Leben an. Wenn ich unglücklich verliebt bin, was leider immer mal wieder vorkommen kann, dann berücksichtigt sie das in der Therapie. Wenn ich ein Buch schreibe und mit Augenringen unausgeschlafen in ihre Praxis in Oberdollendorf komme, dann setzt sie mir beruhigende Nadeln. Nicht, um mich noch müder zu machen, nein, sie macht das um mich fixierter an meiner Aufgabe arbeiten zu lassen. Ein deutscher Arzt hätte mir womöglich Amphetamine verschrieben. Denn auch er sieht die Notwendigkeit, meinen Abgabe-Termin im Auge zu behalten und somit für meine Mädels und mich zu sorgen. Aber Speed bleibt auch auf Krankenschein pures Gift.

Ein chinesischer Arzt würde dir auch niemals ein Mittel gegen Spastik verschreiben, weil es dich plattmacht und deine Muskeln noch mehr lähmt. Ein Urologe ist da sofort dabei. Denn den interessiert nur deine hypersensible Blase und nicht der Rest des Körpers.

Und jetzt muss ich Ihnen noch etwas beschreiben, das mir ein Chefarzt und nicht Dr. Liu selbst erzählt hat. Dieser Chefarzt war mal ihr Vorgesetzter ... eher ein Skeptiker in Sachen TCM. Dieser Top-Mediziner, dem ich auch sehr viel zu verdanken habe, hat gesehen, wie Dr. Liu einen gelähmten Patienten durch Akupunktur ans Laufen angenähert hat. Einen Tag lang konnte sich der Mann auf seinen Beinen halten. Das hat er lediglich nur ein paar Mal wiederholt. Denn die Wirkung hielt nur einen Tag lang. Und immer, wenn seine Beine wieder zusammenbrachen, da zerbrach auch seine Welt aufs Neue. Das ist so, als ob Sie sich am Morgen verlieben, und abends ist sie weg! Für mich ist das aber ein Hinweis darauf, dass mich die TCM und die Akupunktur schneller auf die Beine gebracht haben und mich vor allem gesund auf den Beinen halten!

3. Kapitel: Hilfe! Wie werde ich bloß gesund?

In den ersten Wochen in der Reha-Klinik in Bonn habe ich sieben bis acht Anwendungen am Tag. In der letzten werden es 13 sein. Und weil mehr da nicht geht, habe ich eigenständig am Ende des Tages oft noch eine Stunde drangehängt. Meine ganze Hoffnung sind meine verbliebenen Bauchmuskeln oberhalb des Nabels. Schon in der zweiten Woche komme ich in die erste Rückengruppe. Da mache ich mit vielen alten Menschen Rumpftraining im Liegen. Schon eine Woche später komme ich in die nächste Gruppe. In der vierten Woche darf ich dann endlich wieder Sit-ups machen. Ich merke schnell, dass ich mit dem Rumpf im Liegen meine Beine stabiler halten kann. Mit meinen Beinbeugern kann ich sogar schon die Beine anwinkeln, ohne dass sie sich nach links und rechts wegspreizen. Zusammen mit den Oberschenkelmuskeln könnten mir der obere Bauch und Rücken die nötige Stabilität zum Laufen bringen. Eine Sache der Übung. Ich nehme mir vor, noch härter zu trainieren. Ich möchte jeden Tag etwas Neues spüren.

Rumpftraining, Einzeltherapie, Gerätetraining, Massage, Faradisation, d.h. Training unter Strom, es geht alles in 25 Minuten-Einheiten. Morgens muss ich die ersten 25 Minuten des Reha-Tages zur Osteopathie für die kaputte

Hand, dann in fünf Minuten hoch zum Einzeltraining und hoffen, dass nicht ein Penner mit künstlicher Hüfte den Fahrstuhl blockiert, weil er nach dem Frühstück unbedingt eine Zigarette rauchen muss, am Kiosk Schokolade und Zeitungen kaufen will, einfach zu faul ist, eine Etage Treppen zu laufen. Dabei wäre das die beste Therapie für ihn und die neue Hüfte. Aber von drei Mal Osteopathie im Erdgeschoss komme ich zwei Mal zu spät zur Einzeltherapie in der dritten Etage. Wenn dann in der Fahrstuhltür noch ein Schwätzchen gehalten wird, haben mir meine Mitfahrer schnell angemerkt, dass mich dann gleich nur die Schwester im Rollstuhl festhalten kann.

Ende Februar hat mich mein Freund Dr. Axel Seuser, der Chefarzt meiner Reha-Klinik in Bonn, zur Psychologin geschickt. „Ich würde das mal machen", meinte er. Axel ist in seiner Persönlichkeit ähnlich gestrickt wie ich. Wahrscheinlich wäre er heute längst Professor an einer angesehenen deutschen Universität. Doch auch er trägt „unbequem" als Gen. Und so macht man als Arzt unter Ärzten in Deutschland keine Karriere.

Der heute 52-Jährige sieht immer noch aus wie ein Modell-Athlet. Der Schwimmer wurde 1980 und '81 Deutscher Meister über 200 Meter Lagen, eine ganz gemeine und harte Disziplin, denn man muss in jeder Lage gut schwimmen können. 1980 scheiterte seine Olympia-Teilnahme in Moskau am Boykott des Westens. 1984 dann scheiterte er an Übertraining und damit seine Teilnahme an den Sommerspielen von Los Angeles. Noch im selben Jahr schwamm er eine Bestzeit nach der anderen, auch ohne großes Training. Doch vorbei ist vorbei, auch wenn es dich ein ganzes Leben lang begleitet.

Axel ist immer seine eigenen Wege gegangen. Er hat auch mich als komplizierten Zeitgenossen erleben dürfen, viele Jahre vor dem Unfall. Wir hatten also keine Hahnenkämpfe mehr offen. Im Gegenteil, seine Frau Katharina ist die liebe Patentante von meiner Tochter Johanna. Axel kennt mich also gut und macht mir nie Vorschriften. Er ist immer für mich da. Es ist klar, dass ich nirgendwo auf der Welt besser aufgehoben bin als in seiner Klinik. Ich kann Reha machen, ohne dass immer gleich der Arzt kommt. Ich könnte mich sofort bei ihm beschweren, wenn etwas nicht so gut läuft. Das wissen auch alle Pfleger und Physiotherapeuten. Aber ich weiß, dass diese Engel sich auch sonst den Arsch für mich aufgerissen hätten. Ich bin ein opferbereiter Patient, der alles und noch mehr unternimmt, um wieder auf die Beine zu kommen.

Axel hat dann also einen Termin bei der Klinik-Psychologin für mich ausgemacht. Ich nehme mal an, dass das zum Standard in seiner Klinik gehört, wenn Menschen eine Querschnittlähmung widerfährt. Ich wollte ablehnen, habe Axel dann aber den Gefallen getan. Ausschlussdiagnostik nennt man das. Ich rolle also hinten ins Eckzimmer der dritten Etage, an schönen Blumenbildern vorbei und bin schon jetzt ein bisschen auf Aggro, weil ich auch geblümte Stimmung beim Gespräch mit der Psycho erwarte. „Jetzt erzählen Sie mir doch mal, wie es Ihnen geht." Huuu, wie gruselig! Dieses Gefühl ist sofort verflogen, als ich ins Therapiezimmer rolle. Ich treffe eine Ärztin auf Augenhöhe.

Aristoula Papadopoulou ist selbst wegen einer angeborenen Muskel-Nerven-Erkrankung auf den Rollstuhl angewiesen. Sofort kommt mir der Gedanke: Mein Gott, die ist ja noch schlechter dran als ich! Doch schnell merke ich, die Frau hat mindestens so große Eier wie Holubek, noch größere vielleicht. Sie ist die Integrationsbeauftragte für Behinderte in Bonn. Auf ihrer anderen halben Stelle arbeitet sie als Klinik-Psychologin. Aufgrund der Behinderung braucht die gebürtige Griechin einen speziell eingerichteten Arbeitsplatz. Ihren Computer steuert sie über ein Spracherkennungssystem, weil sie nicht schnell und ausdauernd schreiben kann. Ihr Rollstuhl hat ein eingebautes Antriebssystem. Schnell kommen wir vom „Hey Doc, alles easy!“ zur Grundsatzdiskussion über Barrierefreiheit. Denn noch immer werden die in Deutschland meisten Gebäude so gebaut, dass man sie nur mit fliegendem Rollstuhl entern kann. Seit diesem Gespräch sehe ich jede Stufe anders, über die ich heute als Fußgänger ein Haus betreten darf. Aristoula Papadopoulous Satz klingt für immer nach: „Wir werden systematisch ausgesperrt!“ Bis heute habe ich Probleme damit, wenn mir einer sagt: „Du warst doch auch mal Rollstuhlfahrer!“ Ich selbst habe mich nie so gesehen. Darf man sich nach sechs Monaten im Rolli schon als dazugehörig empfinden? Ich durfte ja dieses unbeschreiblich schöne Gefühl erleben, irgendwann in diesen sechs Monaten sicher gewesen zu sein: Ja, du schaffst das!

Natürlich bin ich lange vollständig auf den Rollstuhl angewiesen. Aber richtig rollen, mit den Händen am Handlauf die Räder vorwärtsbewegen, das geht in den ersten neun Wochen nicht. Mein rechter Unterarm ist ja noch mit diesem fiesen Fixateur aus Titan ruhiggestellt. Und nur mit links angetrieben, drehe ich mich im Kreis. Aber auf die Schwestern warten, dass sie dich zur Therapie schieben, das geht mittlerweile gar nicht mehr. Wie peinlich! Ich bin umgeben von Rentnern mit künstlichen Hüftgelenken. Gerollt werden hier fast ausschließlich die harten Fälle, meist bereits mental kranke Menschen. Ich bin zwar im Moment einer der am schlimmsten Zerlegten, aber dafür definitiv der Jüngste. Mit meinem Einzug in Zimmer 2/09 habe ich den Altersdurchschnitt der Klinik um geschätzte 15 Jahre gesenkt.

Trotzdem schütteln viele den Kopf, weil ich rückwärts über die Fluren fliege. Mein rechtes Bein ist dafür schon wieder kräftig genug. Rückwärts sieht aber verboten aus. Ich linse verdreht über den Rücken meines Rollis, um in Fahrtrichtung zu schauen. Jetzt einen Rentner mit 'ner frischen Hüftgelenks-OP niederzumähen, das würde uns beiden ganz schön wehtun, vor allem, wenn der sich auf meinen Unterarm mit dem Titangestell ablegen würde.

Von Woche zu Woche geht es aufwärts. Es ist Anfang März. Ich habe einen Standrollator bekommen. Das ist ein schulterhohes Gestell aus Metall, oben mit Polstern zum Reinhängen in Achselhöhe, unten mit vier Rollen dran, quasi unkippbar. Damit bewege ich mich mit dem rechten Bein vorwärts, ähnlich wie im Rollstuhl. Und irgendwann, nach zwei Monaten, kommt dann endlich das linke Bein hinzu.

Aktueller Status: Unterschenkel und Füße bis auf eine leichte Aktivität in den Fußbeugern immer noch platt, keine Gesäßmuskulatur mit allem, was dranhängt. Aber die Oberschenkelvorderseiten sind fast wieder normal belastbar. Die hinteren Oberschenkelmuskeln sind klein, aber deutlich vorhanden und trainierbar, links immerhin ein Dreierwert von 5, rechts eine 4+ von 5. Mit den Quadrizeps kann ich meine Beine passabel geradeaus bewegen. Mir fehlen zum Laufen aber der erste und zweite Gang, die Beschleunigung des Schritts aus den Sprunggelenken. Seitliche Stabilität ist dagegen gleich null. Wenn mir einer auf die Schulter klopft, falle ich um wie ein morscher Stamm.

Ich nehme den Rollator trotzdem so oft und so lange es geht. Das ist meist bis zum Mittagessen. Danach kann ich mich mit dem Oberkörper nicht mehr sicher aufrechthalten. Die Gefahr hinzufallen, wäre zu groß. Aber mittlerweile trainiere ich schon bis zu vier Stunden am Vormittag und das gleiche auch am Nachmittag, Massage und die übrige manuelle Therapie mitinbegriffen. Und wenn Pause ist, setzte ich mich auf den Sitzergometer und fahre Fahrrad. Ich spüre, wie mein Körper an Kraft gewinnt. Mir läuft der Schweiß wieder wie früher. Häufig trainiere ich bis zur totalen Erschöpfung. Nur am Sonntag ruhe ich mich aus. Mehr geht nicht. „Aufgeben“ ist ein lächerliches Wort.

So feiere ich immer neue kleine Erfolge. Ein ganz wichtiger ist, wieder alleine aufs Klo zu können. Bisher musste ich per Knopfdruck eine Pflegerin rufen. Was die sich wohl gedacht hat, wenn so ein ehemaliger Hirsch wie ich nicht mal mehr die Schüssel erreichte? Und immer derselbe Spruch: „Läuten Sie, wenn Sie fertig sind." Als Kleinkind war ich stolz, wenn das Töpfchen voll war. Jetzt wollte ich nur noch meine Menschenwürde zurück haben.

Ein weiterer großer Tag bringt mich Ende März 2007 gehörig auf die Gewinnerspur zurück. Nach neun Wochen heißt es: Fixateur ex. Das Taxi ist bestellt. Ich darf das erste Mal die Reha-Klinik alleine verlassen. Denn mittlerweile habe ich weiter an Muskeln zugelegt. Wenigstens der Oberkörper stimmt optisch schon mal wieder. Im St. Elisabeth-Krankenhaus soll mir das Titangestell aus dem rechten Unterarm herausgenommen werden. Das beschissene Teil hat mich bis dahin nur behindert, beim Training, beim Schlafen und beim Wohlbefinden.

Ich rolle in einen OP-Raum. Die Schwester: „Dr. H. kommt gleich." Warten … aber ich habe ja viel Zeit und genieße meinen ersten Ausflug. Dann kommt Dr. H. schließlich. Alles easy, denke ich. Der gibt mir jetzt 'ne Spritze und macht das Gestell ab. Das hängt mit einem Inbussystem an vier 8 cm langen Schrauben, die im Unterarm- und im Handknochen verschraubt sind. Dr. H. nimmt den Fixateur in Augenschein, will schon zulangen. Ich: „Moooment! Was ist mit Betäubung?", will ich wissen. „Gibt's nicht", meint H.: „Die Schrauben stecken ja in Ihren Knochen. Und die kann man nicht betäuben." Flatsch! Das hat gesessen. Ich bin selten sprachlos. Plötzlich bekommt der Ausflug einen ganz anderen Beigeschmack. Auf Schmerzen war ich bei diesem Termin nicht eingestellt. Und gerade der Unterarm hat mich ja in den letzten Wochen eine Menge Kraft gekostet. Für Dr. H. ist meine schockierte Visage sichtlich unauffällig. Er hat nur Augen für meinen Titan-Fixateur, Wert 7.000 Euro, Made in Austria. „Die Schrauben bekomme ich so nicht auf. Das ist kein deutsches Modell. Ich komme gleich mit einer Zange wieder“, sagt Dr. H.. Zehn Minuten später ist er wieder da. Ein steril verpackter Bolzenschneider, mit dem man ganze Finger abknipsen könnte. „Sie wollen doch nicht wirklich mit diesem Teil den Fixateur von den Schrauben im Knochen trennen?“, frage ich. „Wie sonst? Ich habe dafür keine Schraubenschlüssel.“ „Das darf doch nicht wahr sein!“, erwidere ich. „Da brauchen Sie doch nur einen Fünfer-Inbus.“ H.: „So etwas haben wir hier aber nicht.“

Ich lasse Dr. H. und die Schwester stehen, rufe im Rollen noch: „Bin gleich wieder da. Ich werde doch hier in der Klinik einen Fünfer-Inbus auftreiben können.“ Den ersten Pfleger auf dem Flur quatsche ich an. Er: „Sorry, was willst du genau?“ Warum sollte er einen Rollifahrer mit Fixateur im Unterarm ernst nehmen, der ihn im Krankenhaus nach einem Fünfer-Inbus-Schlüssel fragt. Schließlich sind wir ja nicht in der Landesklinik. Dann sehe ich am Ende des Flurs einen Blaumann. Der muss zum Arbeiten in der Klinik sein. „Hey Jong, häs du ens en Fünfer-Inbus?“ „Nä, han esch net. Jang ensloore. Do hinge aabetet jemand am CT.“ „Alles klar. Danke Jong!“ Ich dann hin zum Kollegen am CT und sehe einen ehemaligen Vereinskameraden vom Triathlon. „Ach, hallo, Markus“, sagt Jong, dessen Namen ich leider vergessen habe. Er nimmt mich gar nicht bewusst im Rollstuhl wahr, ist so im Stress mit der Reparatur am CT. „Sorry, ich hab' echt überhaupt keine Zeit“, hallt es aus der Röhre. „Schau allein im Werkzeugkasten nach bitte.“ Ich: „Danke! Hab's schon. Bis später.“ Und weg mit dem Fünfer-Inbus zurück zu Dr. H.. „Dann können wir ja endlich weitermachen“, sagt der Orthopäde leicht genervt bei meiner Ankunft. Selbst ist der Mann. Nach ein paar vorsichtigen Drehungen mit dem Inbus habe ich mir endlich das Gestell vom Arm geschraubt. Dann kommt der Arzt dran. Mit einem variabel einstellbaren Vierkant-Schrauber setzt er an der ersten Schraube im Unterarm an. Dann dreht er die Schraube – wie schon gesagt ohne Betäubung, mit genau mitgezählten 21 Drehungen aus dem Knochen meiner rechten Speiche. Auch die zweite Schraube dreht sich 21 Mal. Dann ich wieder: „Moooment, bitte!" Mir stehen die Tränen in den Augen und noch die zwei Schrauben im Handknochen bevor. „Ich mache schon so schnell wie möglich. Bei der Hand sollte es schneller gehen." Recht hat der Doc, es sind nur zwei Mal 19 Drehungen. Dann sind auch diese Schrauben entfernt und ich bin endlich frei! Ein elend geiles Gefühl: Nach neun Wochen bin ich das Metall los! Die vier Löcher im rechten Arm werden zugenäht. Kurz danach stehe ich wieder draußen an der Straße und warte auf mein Taxi. Es ist warm. Die Sonne scheint. Die Röcke sind kurz. Das Leben ist schön.

Anfang April sind die Wunden im Arm zugewachsen. Ich kann endlich ins Wasser. Zehn Wochen lang habe ich neidisch den Rentnern zusehen müssen, wie sie im Bademantel im Lift nach unten ins 30 Grad warme Bewegungsbad gefahren sind. Jetzt darf ich endlich auch ins Wasser, eine völlig neue Erfahrung, eine, die mich wie kaum eine andere Maßnahme schnellstens auf die Beine bringen sollte. Im warmen Schwimmbecken kann ich manche Muskeln einfacher aufbauen, für die Training an Land wegen der Schwerkraft nicht funktioniert. Außerdem macht es tierisch Spaß im Wasser. Meine Physiotherapeutinnen tragen ein Übriges dazu bei.

Es beginnt die Zeit, in der ich auch meine Sexualität wiederentdecke. Wer nicht betroffen ist und es auch nie war, der kann sich wahrscheinlich kaum vorstellen, wie es sich mit gelähmtem Unterleib lebt. Ich hatte immer Angst vor der Impotenz, die in zwei Dritteln aller Fälle bei Lähmung eintritt. Aber das ist bis jetzt komischerweise gar kein Thema gewesen. Bis jetzt bin ich schon froh, die Perspektive zu haben, irgendwann nicht mehr auf den Rollstuhl angewiesen zu sein. So überraschen mich die alten Strandfotos meiner Ex sehr, als ich am trainingsfreien Sonntag im Bildarchiv meines Computers durch mein altes Leben blätterte. Ich habe es letztendlich nur am Puls und dem Augendruck gemerkt. Ich bin auch in dieser Hinsicht schnell im neuen Leben angekommen. Und wenn ich diese Geschichte erzähle, kann sich wahrscheinlich immer noch keiner vorstellen, was alles kommt und geht, wenn man will, obwohl man es nicht fühlen kann.

Meine ersten Schritte ohne Rollator mache ich vom Bett aus an der Wand entlang bis ins Bad. Elf Wochen nach dem Unfall glaube ich, es wagen zu können, jetzt nachdem auch das lästige Titangestell herausgeschraubt wurde. Axel hat mir dringend davon abgeraten, alleine mit dem Gehen anzufangen. Das Risiko hinzufallen und sich neu zu verletzen, sei einfach zu groß. Ich bin das Risiko eingegangen. Ich bin wieder übermütig geworden. Es geschieht das, wovor mich mein Arzt gewarnt hat. Auf dem Rückweg von der Toilette stelle ich mir kurz vor dem Bett ein Bein. Ich falle um wie ein Baum, streife dabei den Nachttisch. Zwei Sprudelflaschen zerspringen neben mir auf dem Boden. Sonst geht nichts kaputt. Zum Glück! Den blauen Fleck am Hintern sehe ich noch Wochen später im Spiegel, auch wenn ich ihn nie gefühlt habe. Manchmal ist es eben nicht so schlecht, ohne Gefühl zu sein.

Im April darf ich die ersten Wochenenden daheim bei den Kindern verbringen. Das ist für alle ein wunderschönes Gefühl, auch wenn sie anfangs noch sehr auf Papa Rücksicht nehmen müssen. Der liegt nur im Bett, aber wenigstens ist er wieder zu Hause. Was für ein Luxus, wenn einen die Liebsten besser als jede Krankenschwester versorgen, und man sich keine Sorgen machen muss, dass man die am Wochenende angefressenen drei Kilo nicht mehr runterbekommt.

Ende April 2007 werde ich als Fußgänger aus der Rehaklinik entlassen, nach nur vier Monaten. Ich habe mit mindestens sechs gerechnet. Aber Axel meint, dass es irgendwann mehr bringt, in die Menschheit und den Alltag zurückzukehren. Von da an habe ich meine tägliche Therapie ambulant weitergemacht, sechs oder manchmal auch sieben Tage in der Woche.

Ende Mai unternehme ich meine erste Reise. Im Zug geht es nach Wangen bei Bern, zu meinem Freund Lorenz Misteli. Da und bei seinen lieben Eltern, der Chrischta und dem Hadi gleich nebenan, fühle ich mich sicher. Es ist immerhin noch eine spannende Unternehmung. Und weil alles gut klappt, habe ich dann gleich vor Ort noch Flüge gebucht. Zehn Tage Urlaub auf Ibiza! Es sind die anstrengendsten, aber auch die schönsten Tage, die ich dort je verbracht habe. Wir gehen viel aus, treffen Freunde und Bekannte, fahren jeden Tag an einen anderen Strand, auch wenn sie nicht immer einfach zu erreichen sind. Endlich bin ich im Leben zurück, feiere auch ohne Alkohol, aber wie berauscht vom Glück, wieder tanzen zu können.

Richtige Methoden

Wer als Kranker nicht schnell lernt, professionell mit sich und seinem Körper umzugehen, der wird am Ende mit Sicherheit als schlechterer Mensch aus der Krankheit hervorgehen. Als Gegenteil vom Phönix aus der Asche, dafür in der Kategorie „Gerupftes Huhn", für das sich selbst die Tierschutzorganisation PETA (www.peta.de) nicht mehr einsetzen würde. Nur wer wie ein Leistungssportler denkt, alles andere dem Ziel „Gesundheit" unterordnet, wer nach Methoden und mit System vorgeht, nur der bekommt die Chance zur Wiederauferstehung. Je schlimmer die Krankheit, der Unfall, desto schwerer wird es. Das ist klar. Unklar ist mir aber, warum viele gar nicht erst auf die Idee kommen, dass da noch mehr geht, wenn sie nur mal endlich anfangen würden. Spätestens jetzt sollte das Umdenken begonnen haben. Ich will einfach keine Sargnägel mehr sehen!

Innere Ruhe durch Bauchatmung

Als Babys konnten wir tauchen, ohne zu ertrinken. Das verlernten wir dann aber schnell wieder. Wie vieles andere auch, weil es uns Papi, Mami oder weiß Gott wer aberzogen hat, weil es unser Leben einfach nicht zulassen will. Das hat viel mit unserer inneren Ruhe zu tun. Die meisten von uns haben auch die verloren. Überall Hektik, Handy zur Hand, Termine und Verpflichtungen – das volle Programm des alltäglichen Horrors. Wie soll man da noch Ruhe finden?

Aber es geht! Wenn wir uns auf die Apps besinnen, die uns schon in die Wiege gelegt wurden: zum Beispiel die Bauchatmung, auch Zwerchfellatmung genannt. Das Zwerchfell ist eine Muskel-Sehnen-Platte, welche die Brust- und die Bauchhöhle voneinander trennt. Es ist der wichtigste Atemmuskel, leistet in Ruhe 60 bis 80 Prozent der nötigen Arbeit. Beim Einatmen füllt sich die Lunge vollständig. Ausatmen erfolgt kontrolliert und gleichmäßig, indem die Muskeln einfach lockerlassen. Im Zustand großer Anstrengung oder Erregung verflacht die Atmung aber oft. Denn dann atmen wir wieder aus dem Brustkorb heraus.

Ich habe jahrzehntelang auch zu flach geatmet. Dann erst konnte ich mich auf meine Ursprungsatmung und mein Zwerchfell besinnen. Es hat mir persönlich viel Ruhe gebracht, weit jenseits von Medikamenten und Psychotherapie. Mit dieser Ruhe bekomme ich heute meine Gedanken so weit in den Griff, dass ich wieder Herr im Hause bin und nicht ständig meinen Emotionen und Gedanken erliege. Natürlich wird es die immer geben. Emotionen und Gedanken lassen sich ja nicht einfach herausschneiden, wie die verfärbte Stelle eines Apfels. Aber ich trage mit der Bauchatmung ein Werkzeug im Rumpf, das mich beruhigt und mir Distanz verschafft. Früher standen bei mir alle Schubladen im Kopf weit offen. Jetzt kann ich sie per Bauchatmung zudrücken.

Mit dem Zwerchfell lässt sich vieles wegschnaufen. Schnaufen ist der richtige Ausdruck. Anders kann man das, was ich in der Pilates-Stunde von mir gebe, nicht nennen. Wenn ich tief durch die Nase einatme, wölbt sich der Bauch zur dicken Kugel. Das sieht fürchterlich aus und ist ein nicht zu vernachlässigender Grund, warum viele es verlernt haben. Männer am Strand machen genau das Gegenteil: Luft anhalten, Brust raus, „Hallo Girls!"

So – klar darf jeder am Strand weiter posen, aber ab jetzt bitte nur noch da. Gleiches gilt für Damen, die an ihre Wespentaille denken. Hört auf in die Brust zu atmen! Nur die Bauchatmung ist gesunde Atmung. Sie verhindert Krankheiten, fördert die Durchblutung der wichtigsten Organe, die Verdauung, sie steigert die Potenz, nimmt müde Gedanken, Ängste, Kopfschmerzen und Schlaflosigkeit. Sie nimmt uns den Stress, weil der selbstgemacht ist und durch die Brustatmung auch noch hochgehalten wird. Warum? Ganz einfach, weil die Bauchatmung weniger auf Brustkorb und Herz drückt. Der Blutdruck geht runter. Das ist doch besser als jeder Beta-Blocker!

So üben Sie das Atmen in dem Bauch:
Hände auf den Speck.
Fühle deinen Speck, akzeptiere ihn …
Drücke deinen Speck von innen heraus beim Einatmen nach vorne.
Wenn du jetzt noch kannst, atme zusätzlich noch in die Brust.
Beobachte die Welle, die von deinem Bauch bis zum Hals rollt.
Halte die Luft nicht an, sondern atme aus, wenn dein Atemreflex es verlangt.
Beobachte, wie Kraft und Anspannung wieder nach unten fließen.
Freu dich und fang wieder mit Punkt 1 an.

Einziger Nachteil – es mag bei manch einem mit Arbeit verbunden sein. Man muss es aber aktiv wollen und üben.

Und man darf vor allem eines nicht: sich ärgern, wenn man sich wieder bei der Brustatmung ertappt hat. Das fällt selbst mir heute noch schwer, und ich übe schon seit meinem Unfall. Aber jetzt, während ich diese Zeilen schreibe, da wölbt sich mein Bauch wie die Wangen von Aeolus, dem Gott der Winde. Ich bitte das gerade in meinem Fall nicht falsch zu verstehen. Bauchatmung hat mit Pupsen nichts zu tun, auch wenn es die Ausscheidung sehr fördert.

Warum ist Brustatmung so schlecht? Weil dadurch die Lungen wesentlich weniger Raum haben, um sich auszudehnen. Das Atemvolumen ist bei der Brustatmung um ein Drittel geringer als bei der Bauchatmung. Deshalb wird sie auch „Flachatmung" genannt. Wir müssen öfter Luft holen, um unsere Maschine am Laufen zu halten. Dadurch verspannt sich die Oberkörpermuskulatur stärker. Das kann bis zu einem Stechen in der Herzgegend führen. Ich bin damit schon voller Panik zum Kardiologen gegangen, weil ich Angst vor einem Herzinfarkt hatte. Auweia!

Heute hocke ich da wie ein Buddha, bin rein äußerlich viel „gechillter" als früher. Das beeinflusst auch meine Mitmenschen. Sie wundern sich, warum ich heute langsamer spreche als früher, dafür aber mit weniger Blabla und Emotionen. Es wird immer Fälle geben, die mich schnell auf jede Palme bringen. Gerade will ich beginnen, mich so richtig in Rage „zu schreiben". Früher hätte ich dann sofort Sätze oder körperliche Reaktionen rausgeballert. Heute atme ich erst einmal in den Bauch hinein. Das wirkt auf mich wie eine Tasse Tee. Ich rede dann erst nach dem Ausatmen, wenn der Hals wieder abgeschwollen ist.

Ach so, noch etwas: Bauchatmung hilft auch gegen Schluckauf! Denn der Schluckauf ist eine Verkrampfung des Zwerchfells und kann durch falsche Atmung entstehen. Es gibt Menschen, deren Aufgeregtsein wir daran erkennen, dass sie Schluckauf haben.

So bauen Sie Ihr Training richtig auf

Aller Anfang, bla, bla, bla … viel schwerer wird es sein, die ganzen Zipperlein wieder loszuwerden, die Sie sich im Laufe des Lebens und/oder Ihrer Krankheit zugezogen haben. Und ich will mal hoffen, dass das nur Zipperlein sind. Die bloße Anmeldung im Fitnessstudio ist noch kein Anfang, oft noch nicht mal ein Vorsatz, eher eine Bestätigung des schlechten Gewissens. Viele Gesichter sehe ich in der „Muckibude" genau ein Mal. Sie zahlen aber jeden Monat brav die 60 Euro für das Abo. Nicht nur der Anfang ist schwer! Dabei bleiben, Form aufbauen, sich steigern, eventuell sogar an Vergleichswettbewerben teilnehmen, etwa mit dem „Minus-30-kg-Club" aus dem Nachbarstudio, das bedeutet hartes Training!

Kondition aufbauen, das fängt beim Grundausdauer-Training an und endet beim Gewichtestemmen. Leistungssportler üben zusätzlich ihre speziellen Techniken, verausgaben sich mit Schnellkraft-Training und kurzen Einheiten in Wettkampfintensität. Da sage ich: Das können und das sollten Sie auch!

Warum kostbare Zeit mit unmotiviertem Abhocken und Runterspulen eines Sportprogramms vergeuden? Wenn Sie einen guten Plan haben, dann sparen Sie dabei sogar noch Zeit. Wer technisch sauber seinen Sport oder die Reha durchzieht, wer ausgewogen mal das, mal das trainiert, gerne auch mal an seine absoluten Leistungsgrenzen stößt, der hat nicht nur viel mehr Spaß an der Sache, der kann jede Woche locker 'ne halbe Stunde früher nach Hause gehen und ist mindestens genauso fit.

Sie haben Ziele? Dann formulieren Sie diese bitte auch für sich. Ich will Fußgänger werden, ich will nach der Chemo wieder fit werden, ich will 50 Kilo abnehmen, ich will … ich will … ich will. Also los damit!

Um eine solide Form aufzubauen, ist die Strukturierung

des Trainings über einen längeren Zeitraum notwendig. Ich will zum Beispiel nächstes Jahr die Ostwand des Watzmanns bewältigen, die höchste Wand der Alpen. Das sind 1.900 Höhenmeter rauf und runter, an einem Tag. Die Huber-Buam, die weltbesten Speedkletterer, haben mir nach einer SternTV-Sendung mal angeboten, ich solle doch mit ihrem Vater, dem „Hubi-Senior" hinauf. Das heißt, dass ich schon im Januar 2012 mit der Vorbereitung beginnen muss, wenn ich nicht später Form per Brechstange erreichen will, auf Kosten meines Jobs, des Privatlebens und unter großer Verletzungsgefahr wegen Überlastung. Dazu muss ich das Training über Monate hinweg planen. Denn ich kann ja nicht ein Mal pro Woche irgendwo 1.500 Höhenmeter am Stück abreißen, schon gar nicht im Rheinland. Außerdem muss ich Faktoren wie berufliche Belastung und Krankheiten bedenken. Das kann mich immer zurückwerfen. Warum dann gleich der Watzmann, wollen Sie jetzt wissen? Warum nicht? Das wird ein unbeschreibliches Erlebnis werden.

Mischformen der Trainingsarten sind wichtig. Mal geht es um Maximal-Kraft, ein paar Sekunden lang alles geben zu können, mal um Kraftausdauer, ein paar Minuten lang bei hohem Puls durchzuhalten. Das häufigste Training sollte das der Grundlagenausdauer sein, um sich ein bis zwei Stunden lang mit Puls 130 bewegen zu können. Grundlagenausdauer ist die Basis, auf der alle Ihre Ziele aufbauen. 80 bis 90 Prozent des Gesamtjahresumfangs bestehen daraus.

Natürlich kann bei Ihrem Training immer etwas dazwischenkommen. Man sollte aber trotz aller Unwägbarkeiten seinen Plan nicht ohne Weiteres ändern. Sonst fangen Sie mitunter wieder von vorne an.

Dabei sollten Sie mit den Umfängen und der Intensität des Trainings während der ersten zwei Wochen sparsam sein. Sonst kann das Ergebnis ein grausamer Muskelkater sein. Dann folgt langsam eine Anpassung an das zeitliche Maximum, das Sie in Zukunft Ihrem Training widmen wollen. Später drehen Sie an der Intensitätsschraube.

Wer das gut durchhält, kann nach einigen Wochen schon zwei Mal am Tag trainieren, dann aber bitte jeweils mit maximal zwei Drittel Ihres sonstigen Tages-Niveaus. Die Pause zwischen den Einheiten sollte mindestens vier Stunden betragen und zwei Mahlzeiten beinhalten (ein bis zwei Bananen zwischen den beiden Einheiten und eine große Mahlzeit direkt nach der zweiten Einheit).

Superkompensation und Erhalt

Ich komme jetzt zu einem Thema, mit dem auch ich mich nach 30 Jahren Sport und leistungsorientiertem Training noch immer schwertue: Wie baue ich Form auf und erhalte sie, ohne mich zu verletzen und am Ende jeder Woche so platt zu sein, dass ich nicht mal mehr die Kraft habe, unter Leute zu gehen? Sport war früher nur ein Hobby, heute ist er überlebenswichtig für mich. Denn glauben Sie mir, wenn ein inkomplett gelähmter Fußgänger nicht dranbleibt, ist er schneller wieder im Rollstuhl, als ihm lieb ist.

Deswegen folgt das Training immer dem Prinzip der Superkompensation. Auf intensive Reize folgt eine Phase der Erholung, um dem Körper ausreichend Zeit zum Auftanken und Muskelaufbau zu geben.

Wir trainieren in Zyklen. Das Training wird dazu in einzelne Blöcke aufgeteilt. Diese bilden zusammen einen Gesamt-Zyklus, an dessen Ende Ihr formuliertes Ziel steht, ein Ziel, das realistisch und erreichbar ist. Dabei folgen auf Mikrozyklen von zwei bis vier Tagen Makrozyklen von drei bis vier Wochen. Die Makrozyklen bestehen wiederum aus Phasen von sechs bis zehn Tagen, in denen sich Belastung, Regeneration und Intensität abwechseln.

Da die meisten von uns berufstätig sind, empfehle ich die klassische Periodisierung unseres Kalenders: Die Woche hat sieben Tage, zwei Mikrozyklen und einen Ruhetag. (Ich halte mich da nicht biblisch am Sonntag fest. Mein Ruhetag fällt meistens auf einen Werktag, weil ich am Wochenende mehr Zeit zum Trainieren habe.) Der Monat ist dann ein Makrozyklus, hat vier Wochen und damit auch vier Phasen.

Die ersten drei Monate im Trainingsjahr sind der Verbesserung der Grundlagenausdauer gewidmet. Über den nächsten drei Monaten steht Kraftgewinn als Ziel geschrieben. Das dritte Viertel gilt dem Erhalt der Form. Die letzten drei Monate müssen Urlaub für den Körper sein, bei maximal 30–40 Prozent des Grundaufwands. Wie Sie diesen Urlaub nutzen, bleibt Ihnen überlassen. Ich bitte das aber als Urlaub vom Urlaub zu verstehen, gell? Denn Sport soll und muss ja auch Spaß machen, wie Urlaub eben.

Grafik 1: Superkompensation

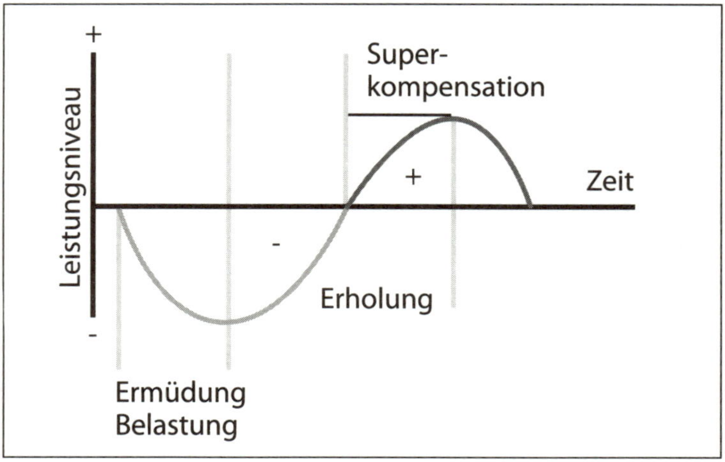

Grafik 2: Kontinuierliche Leistungssteigerung

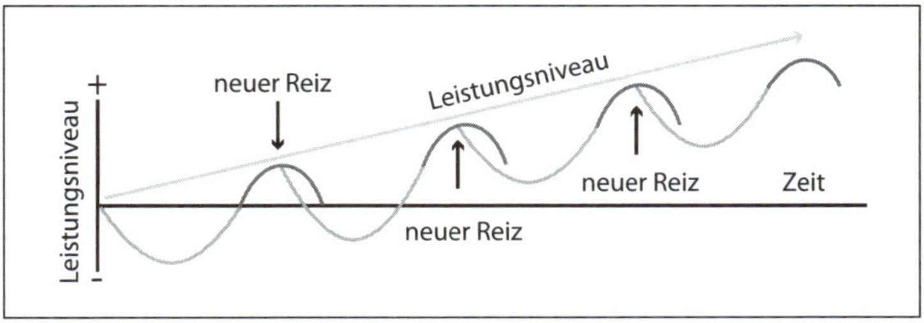

Das Prinzip der Superkompensation besagt, dass der Körper immer nach dem Sport nicht nur die Bereitschaft hat, wieder die gleiche Leistung zu zeigen. Im Laufe der Erholung kann sich unser Götterkörper sogar noch steigern und seine Form eine Zeit lang beibehalten. Es gilt, dieses höhere Leistungsniveau für neue Trainingseinheiten zu nutzen. Wir befinden uns dann in einer kontinuierlichen, aber nach oben begrenzten Leistungssteigerung.

Problem dabei: Ist die Erholungsphase zwischen den Belastungen zu lang, geht dieser Effekt flöten. Wird hingegen zu viel und/oder zu intensiv trainiert, hat der Körper nicht genügend Zeit zur Regeneration. Das Leistungsniveau sinkt dann auch ab. Wir befinden uns im Übertraining. Später mehr dazu (siehe Seite 150).

Wer heute überhart trainiert hat, kann das am nächsten Tag eventuell noch mal. Spätestens am dritten Tag aber ist der Körper platt. Um das zu vermeiden, müssen wir unsere Trainings genau auswählen. Ist es etwa Kraft- oder Ausdauertraining? Wie bemesse ich meine Erholungsphasen? Erhole ich mich passiv oder aktiv? Wie steht es um die fortwährende Regeneration während des Trainings? Ich kann in einer Stunde mit all meinen Geräten fertig sein oder alles durch Schwätzchen mit der blonden Trainerin in die Länge ziehen. Wann esse ich? Spätestens eine halbe Stunde nach dem Sport will der Körper Energie in Form

Die fünf Stufen der Superkompensation:

1. Ausgangszustand ist die Selbstregulation. Das ist das innere Gleichgewicht, der Soll-Wert, der für einen Organismus, ein Organ oder eine Funktion notwendig ist. Gesichert wird dieser Sollwert durch unsere Regelorgane. Abweichungen nach oben oder unten lösen Rückmeldungen und damit Regelungen aus. Um das innere Gleichgewicht konstant zu halten, vergleicht das Gehirn jede Abweichung, also den Ist-Wert mit dem Soll-Wert. Das System will seine Vorgaben wieder erreichen. Das funktioniert ähnlich wie bei einem Seemann. Der würde das Schiff am liebsten direkt in die Himmelsrichtung steuern, in der sein Hafen liegt. Das klappt aber nur, wenn keine Klippen, Strömungen oder veränderte Windrichtungen existieren. Dazu muss der Seemann wiederholt die tatsächliche mit der gewünschten Position vergleichen, gegebenenfalls korrigieren oder „regeln". Wenn er währenddessen auf Grund läuft, dann muss er lernen, die Seekarten künftig besser zu lesen und sein System zu korrigieren.

2. Die Störung der Selbstregulation durch ein Training führt zur Einbuße der Leistungsfähigkeit. An dieser Stelle sinkt die Kurve in Grafik Nr. 1, auf Seite 146.

3. In der Erholungsphase erreicht die Kurve wieder ihr Ausgangsniveau.

4. In der Phase der Wiederherstellung erreicht das Leistungsniveau sein Maximum.

5. Da die Leistungssteigerungen des Körpers reversibel sind, nimmt die Leistungsfähigkeit in der letzten Phase langsam wieder ab.

von Nahrung nachtanken. Und wann lege ich mich schlafen? Der Körper verlangt mindestens sechs Stunden völlige Ruhe.

Es wird unmöglich sein, alle Uhren im Leben nach der Superkompensation zu stellen. Sehen Sie es als Idealmodell an. Es hilft, Parameter wie Intensität, Belastungsdauer, Pausenlänge und Zyklen des Trainings festzulegen, idealerweise alles überwacht von erfahrenen Trainern und Physiotherapeuten.

Vorsicht vor Übertraining und Verletzungen

Heute ist für mich ein geschenkter Tag. Ich habe unerwartet mehr Zeit zur Verfügung. Denn ich bin platt, musste mir trainingsfrei geben. Was ist passiert? Ich … morgens aufgestanden, gleich um 8.15 Uhr in die Reha: Eigentlich hatte ich vor, intensiv die Beine mit meinem Physiotherapeuten Sven Kessel zu trainieren. Aber beim zweiten Satz schon: Stelzenstreik. Die Beine sind total dicht, eigentlich mein ganzer Körper. Und wenn ich es mir recht überlege, auch mein Kopf. Ungebeten meldet sich plötzlich die mentale Sprengfalle zu Wort: „Habe ich etwa schon wieder Form abgebaut? Über die Woche gesehen, war mein Training doch gar nicht so streng. Das können doch nicht erste Symptome von Übertraining sein."

Das Geheimnis am Aufbau ist, dass wir nie genau vorher wissen, wie wir uns während oder nach der Trainings-Einheit fühlen werden, wie unser Körper reagieren wird. Mal sind wir stark wie ein Bär, mal „Flasche leer".

Jetzt würden Sie am liebsten nur abliegen, ab und zu den Kühlschrank checken, die Fernsteuerung fürs TV bedienen. Selbst telefonieren ist eigentlich schon zu anstrengend. Wenn das länger als einen Tag anhält (nur am Ende Ihres Makrozyklus dürfen es auch mal zwei Tage sein), dann hilft nur noch das Minenräumkommando. Ab sofort gehen Sie jedenfalls keinen Schritt mehr weiter. Sie ruhen sich aus.

Diagnose: Übertraining! Das muss nicht nur von Sport und Reha allein kommen. Auch unser Alltag wirkt nach, das Schlafpensum, Stress im Job, die Party vom Wochenende, Liebeskummer. Am heutigen Tag blicke ich zurück auf drei Wochen durcharbeiten mit zwei weiten Auslandsreisen, dazu Schulstress (Mathearbeit) mit der Großen (14), zu wenig Schlaf. Backpfeife links, Backpfeife rechts: Jetzt erst kommt „Patient Gehirn" wieder zu sich und bittet offiziell um die fällige Auszeit für Geist und Körper. Wenn ich nicht noch 150.000 Anschläge für dieses Buch tippen müsste, ich würde sofort Mittagsschlaf halten, so gut essen und so viel trinken, wie ich nur kann und mir eine ganze Staffel von „24" mit Kiefer Sutherland reinziehen.

Die Symptome des Übertrainings sind am Anfang schwer zu deuten. Denn sie äußern sich nicht gleich in einer Leistungsreduktion. Es ist schon schwiereig zu sagen, wie lange genau Muskeln zur Erholung brauchen. Das ist von Mensch zu Mensch unterschiedlich. Erste Alarmzeichen sind begleitende Symptome wie Schlafstörungen, Kopfschmerzen. Es folgen ein erhöhter Ruhe- und Belastungspuls, vermehrte Infekt- und/oder Verletzungsanfälligkeit, generelle Beschwerden an Muskeln und Sehnen, am Ende zum Teil auch heftige Depressionen. Das kann den Einzelnen mitunter in eine tiefe Lebenskrise stürzen. Die Situation bessert sich wochenlang nicht.

Übertraining entsteht nicht durch ein hartes Training allein. Es steigert sich langsam über mehrere Wochen hinweg. Grund dafür ist meistens, dass die Erholungszyklen nicht vollständig eingehalten wurden. Trainiert man also wieder, obwohl sich die Muskeln vom vorherigen Training noch nicht erholt haben, fällt die Leistung stufenweise ab. Die Regenerationszeit aber erhöht sich dabei jedes Mal.

Betreibt man das über mehrere Wochen, kommt es zum Übertraining.

Eine Therapie des Übertrainings kann – abhängig von seinem Grad – sehr schwierig und langwierig sein. Sollte es Ihnen ganz schlecht gehen sollte, dann müssen Sie zum Arzt. Daher ist Prävention durch richtige Regeneration und frühes Erkennen der Symptome ganz wichtig.

Die drei Stufen des Übertrainings:
Stufe 1: Wir sind anhaltend müde und unmotiviert. Manchmal ist dann Sport noch ganz gut möglich, weil wir uns zusammenreißen. Sind wir erst mal wieder drin im Trott, regeln die letzten Glückshormone das Übrige. Es läuft wieder, wenn auch nicht für sehr lange. Spätestens am nächsten Tag bemerken wir dann den Abfall. Leistungssportler trainieren sich öfters mal an diese Schwelle heran. Ich mache das auch ab und zu, wenn ich genau weiß, dass ich danach drei Tage eh keine Zeit für Training hätte, etwa weil mich andere Aufgaben im Leben fordern.
Stufe 2: Wir leiden jetzt zusätzlich noch unter Schlafstörungen und leichter Reizbarkeit. Schon das Aufwärmtraining ist anstrengender, als den Müll runterzutragen. Der türmt sich zu Hause bereits. Lust auf Sex … böööh. Spätestens jetzt sollten wir einsehen, dass das vom Übertraining kommt. Jetzt hilft nur noch eine tagelange Pause.
Stufe 3: Wir sind total überreizt, in jeder Hinsicht. Der Schädel brummt nur noch. Alles tut weh. Alles ist Stress. Sport unmöglich! Außerdem könnten wir nur noch kotzen, im wahrsten Sinne des Wortes: Übelkeit, Depressionen – zwei bis drei Wochen absolutes Trainingsverbot!

Ein Trainingstagebuch hilft bei der Selbstkontrolle. Markieren Sie die knallharten Tage mit roter Farbe. Niemals mehr als drei Mal Rot in der Woche oder zehn Mal Rot im Monat sammeln! Blau markiert Erholungstage. Am Anfang Ihres Aufbaus sollten Sie zwei Mal Blau in der Woche und neun Mal im Monat haben. Wenn Sie dann voll im Saft stehen, ein Mal Blau pro Woche und fünf bis sechs Mal im Monat. Ich weiß genau, woran der eine oder andere jetzt denkt. Nicht so blau, Schluckspecht! Das führt definitiv viel schneller zum Übertraining. Einen Abfall Ihrer Leistung markieren sie mit Pfeilen, die nach unten zeigen. Nach zwei Pfeilen hintereinander legen Sie einen zusätzlichen Tag Pause ein. Wer gut im Training ist, wartet bis zum dritten Pfeil. Aber aufpassen: Nicht jedes schlechte Training ist gleich eine Folge von Übertraining. Jeder kann auch mal einen schlechten Tag haben.

Regeln Sie Ihren Alltag. Versuchen Sie Stress zu vermeiden. Ganz wichtig: Regelmäßige Mahlzeiten einhalten (optimal fünf bis sechs Mal am Tag), vor allem nach den Einheiten. Außerdem gönnen Sie sich IMMER mindestens sechs Stunden unterbrechungsfreien Schlaf. Ich zum Beispiel brauche mindestens sieben Stunden, um mich zu erholen. Im Schlaf schüttet der Körper große Mengen an Wachstumshormonen aus und regeneriert die Muskeln.

Sonst sind auch Verletzungen vorprogrammiert. 20 Prozent aller Unfälle haben sportliche Hintergründe. Das passiert in Deutschland zwei Millionen Mal im Jahr. Die Gründe sind Überlastung, zu wenig Aufwärmprogramm, falsche Technik. Dann trifft es vor allem Sehnen und Muskeln. Sehnen machen „Peng!“, wenn sie reißen. Muskeln machen viel mehr Aua, vor allem oft monatelang. Bei der Erstversorgung einer Verletzung der Extremitäten gilt das PECH-Verfahren: Pause, Eis (Kühlung), Kompression (Druckverband), Hochlagern. Danach gehen Sie bitte zum Orthopäden oder Sportmediziner Ihres Vertrauens.

Die Heilung vieler Verletzungen lässt sich mitunter durch leichten Sport unterstützen. Es gilt dabei aber, alle Maßnahmen mit dem Profi genau abzuklären, etwa auch das „Wie?" und das „Wie schnell wieder?".

Massage, Stretching und Wärme

Wenn ich auf der Massagebank stöhne, dann tut's richtig weh. Aber ganz ehrlich: Ich liebe das! Und meine Bonner Physiotherapeuten aus der Praxis Stein lieben das auch. Bei mir können sich Sven Kessel und Fayalah Stein so richtig schön austoben, ihre sadistische Ader ablassen, hämisch grinsen: „Jetzt tief ausatmen, bitte!" Und dann drückt Sven seinen kleinen, fiesen, spitzen Daumen noch tiefer in den Supraspinatus unterhalb des Trapezius an der Schulter. Es gibt Leute, die genau jetzt ohnmächtig würden. Mich durchströmt dann pures Glücksgefühl, wenn Daumen und Schmerz nachlassen. Das mag nicht jedermanns Ding sein. Denn bisher hat mich noch keiner bei dieser Version von *Takeshi's Castle* geschlagen. Ich gehe unbedarfter mit Schmerzen um. Unterm Strich steht bei mir: Und überhaupt – NUR medizinische Massage hilft. Alles andere ist für die Wellness-Abteilung!

Massage soll Muskeln lockern, die durch einseitiges oder starkes Training verspannt sind. Das fühlt man. Tasten Sie mal ihren Nacken ab. Da lassen sich meistens einige Stränge finden, die sich anfühlen, als würden sie zur übrigen Muskelgruppe gar nicht dazugehören. Ich hatte schon Trapezius von anderen in der Hand, die waren so hart wie die Sitze im aufgemotzten GTI des Nachbarn. Fühlen Sie mal Ihren Bizeps in lockerem Zustand. Und dann vergleichen Sie das mit den Muskeln unterhalb Ihres Nackens. Denn die sind besonders oft verspannt. Da hilft kein Streicheln. Die Muskelfasern oder Stränge sind durch

Schlacken, Abfallprodukte des Stoffwechsels verklebt. Die Durchblutung klappt nicht mehr gut, weil die Gefäße verengt sind. Genau da müssen die Finger tief rein. Bei mir kann das auch gerne der Ellenbogen meines Therapeuten sein. Durch Druck und Bewegung provoziert er eine leichte Einblutung an der verklebten Stelle. Dadurch wird der Stoffwechsel wieder angeregt. Die Schlacken werden über das Blut abtransportiert. Am nächsten Tag kann es in dieser Region zu Muskelkater kommen. Spätestens am übernächsten Tag sind die Muskeln dann deutlich freier. Sind sie sehr stark verhärtet, brauchen Sie gerne mal drei Massagen, bis dieser Effekt nachhaltig eintritt. Sauna und heiße Bäder helfen auch, zu lockern.

Wer infolge von Krankheit Durchblutungsprobleme hat, dem empfehle ich Wollsocken und lange Unterhosen. Wärme hilft! Ich sitze grad am Computer und habe welche an, keine langen Unterhosen, aber kniehohe Socken. Denn es ist nur 22 Grad warm, und mit einem Querschnitt fängt man sich viel schneller Kälte ein. Spätestens, wenn Temperaturen einstellig werden oder ich bei unter zwölf Grad den ganzen Tag im Freien bin, dann kommen die langen Liebestöter zum Einsatz. Und schlafen – auch nur mit Pyjama und langen Wollsocken – zumindest, wenn ich allein bin.

Die meisten Rückenschmerzen sind muskuläre Verspannungen. Auch hier hilft Warmhalten. Ich habe im Winter immer Nierenwärmer an. Gerade der Lendenwirbelbereich macht gerne Probleme. Trotzdem wird das Schmerzmittel *Diclofenac* oder das Beruhigungsmittel *Tetrazepam* verschrieben. Das finde ich zumindest problematisch. Sport, Massagen und Wärme bekämpfen die Ursache, Schmerzmittel und Muskelrelaxans nur die Symptome.

Das Stretching wird leider zu oft stiefmütterlich behandelt. Wer Muskeln aufbaut, der verkürzt sie auch. Ein- bis zwei Mal in der Woche sollten diese durch aktives Dehnen auseinandergezogen werden. Wer mit seinen Fingern die Zehen der durchgestreckten Beine nicht berühren kann, der sollte „Stretching“ unbedingt googeln und die Piktogramme nachahmen. Sonst laufen Sie bald rum, wie die Keuler aus der Lang- und Kurzhantel-Abteilung: Der Nacken ist krumm, das Kinn deutlich vor der Brust und nicht darüber. Schultern und oberer Rücken sind rund wie ein Flitzebogen. Alles ist zu dick und unbeweglich.

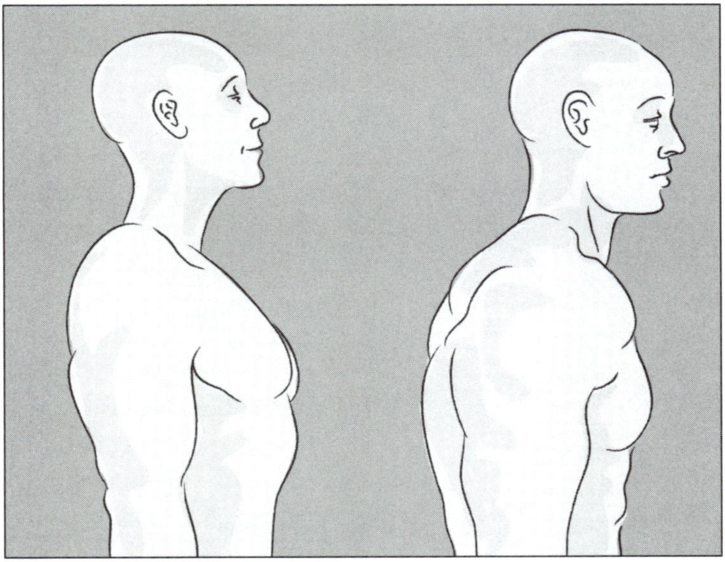

Richtig **Falsch**

Regenerationsmaßnahmen sind wie eine sportliche Disziplin und mit selbiger zu betrachten. Manchmal reicht es nicht nur, keinen Sport zu machen, manchmal müssen Sie wirklich nur faulenzen. Wenn ich am freien (blauen) Tag mit meinem Kamerateam den ganzen Tag auf den Beinen bin, wenig esse und schlafe, dann ist das keine Regeneration. Auch ein Tag im Rutschen-Bad mit den Kids, eine weite Reise, sind keine Erholung. Wer hohe Ziele hat, der hat automatisch einen höheren Bedarf an Regeneration. Daran sind zweifellos schon viele Ehen zerbrochen:

„Haste Lust?"

„Nö, warum?"

„Egal, lass stecken ..."

Dialog einer Sportlerehe. Ich bin – zumindest bei diesem Thema – raus.

Tolles Training: Alles für Plan A und mehr

Wer schon mal länger im Krankenhaus gelegen, wen eine schlimme Grippe viele Tage ans Bett gefesselt hat, der weiß, was Schwäche ist. Die Beine sind wie aus Gummi. Und wenn Sie gar nichts mehr in den Beinen spüren, wie ich nach meinem Unfall, dann kann man das nach zwölf Tagen sogar deutlich sehen. Ich hatte vorher richtig schön definierte Radlerschenkel, nicht so dick wie die von Jan Ullrich, aber immerhin. Das war alles weg. Übrig gebliebenen waren labberige Haut, atrophe Muskelreste und Fett. Fett baut der Körper bei einer Lähmung erst ab, wenn er alle Muskeln, die nicht mehr gebraucht werden, verstoffwechselt hat. Sie fressen sich quasi selbst auf. Das ist mehr als natürlich und zeigt wieder unsere Nähe zum Tier. Wenn das da schwer verletzt auf dem kalten Boden liegt, dann hebt es sich die Fettreserven für den Schluss auf. Da die Muskeln nicht mehr zu gebrauchen sind, werden die als erste „verbraucht", vom Körper verwertet, quasi weggebrannt. Ich hatte nach zwei Wochen zwölf Kilo verloren. Mein Fett war aber noch da, so wie es jeden Gelähmten ein Leben lang begleiten kann. Denn Fett setzt da an, wo am wenigsten geht. Deshalb sind Querschnittgelähmte oben mitunter athletisch ausgestattet und unten rum wie ein Wackelpudding.

Dagegen hilft nur die Muckibude. Wer hier nicht gesehen wird, wird viel langsamer gesund und manchmal auch gar nicht mehr. Während meiner vier Monate in der Reha-Klinik in Bonn war ich einer der am schwersten Verletzten. Es gab noch einen weiteren QS-Fall, Carla K.. Sie war seit aufgrund eines Ärztefehlers komplett gelähmt, hat es aber geschafft, sich wenigstens dahin zu trainieren, dass sie in ihrer eigenen Küche stehen kann. Die Frau ist mir in der Reha immer aufgefallen, weil sie im Bewegungsbad so schön singen konnte und sich um nichts anderes geschert hat. Carla K. hat auf mich immer einen sehr fröhlichen Eindruck gemacht. Ihr Arzt hat mir erzählt, dass Carla K. vier Mal im Jahr einen Monat lang stationär in der Klinik trainieren kann, weil ihr das die Versicherung nach dem Ärztefehler lebenslang finanziert. Carla K. ist weit über 60, ab der Brust komplett gelähmt und kann sich trotzdem ohne Rolli in ihrer Küche bewegen. Das ist eine Freiheit, die nur Kranke nachempfinden können, die sich in der gleichen Lage befinden. Für Carla K. bedeutet das wirklich eine Lebensverbesserung. Leider zahlen Krankenversicherungen in anderen Fällen nicht lebenslang vier Mal Reha im Jahr. Versicherungen von Ärzten sind da kulanter. Uns zeigt das Beispiel von Carla K., dass sogar im ganz hoffnungslosen Fall einer komplett Querschnittgelähmten immer noch etwas geht – das richtige Training vorausgesetzt.

Frau K. und ich waren die schwersten Fälle in meiner Zeit in der Kaiser-Karl-Klinik in Bonn (bis auf einen weiteren Langzeitpatienten, den ich aber nie zu sehen bekam). Der große Rest der Patienten kam nach OPs mit künstlichem Hüftgelenk. Und nicht wenige von ihnen betrachten bis heute die MTT (Medizinische Trainingstherapie) als moderne Form der Folter und die Therapeuten als deren Vollstrecker.

„Dat tut mir äwwer weh!", hät et Frau Schmitz jesacht.

„Dann machen Sie wat anderes, Frau Schmitz."

„Dat tut äwwer och weh!", hät et Frau Schmitz widder jesacht.

„Dann lassen Sie es sein!", hät ihr dann de Therapeut jesacht.

Klingt alles wie ein Stück aus dem rheinischen Kindergarten. Nur, dass die Kinder hier alle über 50 sind und Frau Schmitz sogar schon 65. Was macht man da? Nichts! Ganz ehrlich ..., Frau Schmitz wird es nie kapieren. Seitdem humpelt die Dame mit dem Rollator zu EDEKA. Wenn ich Frau Schmitz erzählen würde, dass das nicht sein müsste, dann kämen wir schnell an einen Punkt, an dem sie auf Ärzte und Schicksal schimpfen würde und dabei an Erdbeerkuchen denkt. Wie soll sie auch anders? Die Dame hat das letzte Mal in der Grundschule Sport gemacht. Wenn so jemand an die Geräte geht, kann eine Dame in ihrem Alter das schnell mal als schmerzhaft empfinden, auch wenn nur fünf Kilo aufliegen.

„Und wie viel haben Sie jemacht, Frau Schmitz? Alle 20 Wiederholungen?"

„Jawoll, han isch ..."

Zehn aktiv und zehn passiv – allein durch Aussitzen. Die Damen bleiben gerne mal im Anschluss zehn Minuten am Gerät hocken, bis ihnen an den Rollator geholfen wird. HALLOOOO! Sie haben nur 'ne neue Hüfte und geben sich jetzt schon auf. Das habe ich alles miterlebt. Und am Büfett, wenn es Rievekooche (Reibekuchen) gab, dann standen sie ganz vorne an, OHNE Rollator. Denn Rievekooche schmecken frisch am besten.

Also ... zurück auf Anfang: Frau Schmitz ist nicht zu helfen, denn ihr sind Erdbeerkuchen am Nachmittag und Rievekooche am Abend wichtiger als Folter in der MTT. Außerdem muss sie an den Geräten ihre Alt-Damen-Schlappen-Collegestyle ausziehen. Frau Schmitz hat keine Turnschuhe, wofür auch?

Geräte-Training

Wer Muskeln aufbauen will, der kommt an Geräte- und Bodentraining nicht vorbei. Drei Mal die Woche baut die Form auf, zwei Mal die Woche erhält sie. Eine Einheit besteht aus 8 bis 13 Übungen am Gerät oder auf der Matte. Jede Übung besteht aus drei Sätzen. Bei 15 bis 20 Wiederholungen arbeiten wir an der Kraftausdauer, bei um die zwölf „Reps“ (klingt cooler, kommt von engl. *repetition*) im Kraftbereich, bei unter acht „Reps“ im Maximal-Kraftbereich. Alle drei Umfangsarten sollten über das Jahr hinweg trainiert werden, etwa im monatlichen Wechsel. Steigern Sie in „Plus-fünf-Prozent-Schritten“, wenn Sie von einem Tag auf den anderen das Maximum Ihrer „Reps“ spielend leicht machen können. Aber was genau Sie trainieren, sollte unbedingt mit dem Trainer, Physiotherapeuten oder Coach abgesprochen werden.

Wenn ich von 13 Übungen spreche, dann bedeutet das mindestens eineinhalb Stunden Training. Denn eine Übung dauert fünf bis sechs Minuten, bei 45 Sekunden Pause zwischen den einzelnen Sätzen. Außerdem müssen Sie ja zwischendurch bestimmt mal Ihre Wasserflasche nachfüllen. Auf jeden Fall sollte klar sein, dass man nicht über eineinhalb Stunden immer dieselben Muskeln trainieren kann. Spätestens nach der dritten Übung zeigt Ihnen der Muskel den Stinkefinger, die Leistung bricht ein. Und da er dann mindestens einen, wenn nicht sogar zwei Tage für die Superkompensation in der Erholungsphase braucht, fällt die Übung beim nächsten Training weg. Das heißt, wir trainieren Muskelgruppen im Wechsel: An einem Tag die Beine, am anderen Tag den Oberkörper. Ich habe mir angewöhnt meine Mitte, also Bauch, untere Seite und unteren Rücken jedes Mal in der Gym zu trainieren. Diese Muskeln erholen sich bei mir am schnellsten.

Manchmal würde ich mir am liebsten Gewebeband

Das 8 x 1 Fehler zu vermeiden im Fitnessstudio

Nr. 1: Achtung Hohlkreuz! Der Rücken sollte IMMER flach am Gerät oder am Boden anliegen. Bauch und untere Rückenmuskeln und Po sind gespannt.
Nr. 2: Die Gewichte werden nicht hoch genug genommen, falsch abgelegt, mitunter fallen gelassen. Das hört dann fast jeder im Studio. Das scheppert oder macht BUMM bis in den Keller.
Nr. 3: Falsch stöhnen! Entweder zu laut, zu absichtlich oder einfach nur schlecht. Klar kann stöhnen bei der letzten Wiederholung helfen, dass Dir nicht die Augäpfel rauskullern. Aber dann bitte per Bauchatmung … wie besprochen (siehe Seite 141).
Nr. 4: Die Ellenbogen stehen falsch ober- oder unterhalb in der Bewegungsachse, zum Beispiel beim Curlen mit der Hantel, nach oben ab.
Nr. 5: Die Handgelenke sind eingeknickt. Sie sollten immer in einer Linie mit den Ellenbogen stehen.
Nr. 6: Holen Sie Schwung für die Übung? So trainieren Sie nur die Fliehkraft. Sie sollen aber nicht fliehen, auch nicht vor der Übung. Die geht nämlich über drei Sekunden. Ein Mal einatmen, Übung hin, knapp eine Sekunde Pause in der Streckung, dann ausatmen und Übung zurück.
Nr. 7: Nicht die Luft anhalten! Alle, die das tun, sind zu erkennen an ihrer typischen knallroten Birne.
Nr. 8: Der Wille hilft! Wer bei jeweils 15 Wiederholungen im dritten Satz ab Nummer zehn immer noch natürlich lächelt, ist der Sohn von Frau Schmitz. Die letzten fünf Wiederholungen müssen brennen wie Wespenstiche. Da arbeitet nur noch Ihre Birne: „Ja! Ich bin gut drauf. Ich will das schaffen!“

über den Mund kleben. Ich muss mich jedes Mal schwer zusammenreißen. Denn nirgendwo sehe ich mehr Fehler bei der Ausführung als im Fitnessstudio. Einige spreche ich dann trotzdem an. Mal sind sie mir dankbar, mal beratungsresistent. „Was will der Typ von mir? Der humpelt doch selbst!" Leider hat er damit recht.

Nur dann wachsen Muskeln und damit Form und Gesundheit. Leider erreichen wir den AN-AUS-Knopf erst im letzten Drittel des letzten Satzes. Am Ende nochmal 15 Sekunden lang 100 Prozent zu geben, das ist der Schalter für das Muskelwachstum im Körper. Ist der Schalter erst einmal gedrückt, ist die Übung vorbei, das Muskelwachstum aktiviert. Wer jetzt noch weitermacht, riskiert das Gegenteil. Eine weitere Belastung des Zielmuskels verlangsamt das Wachstum sogar. Denn er braucht jetzt dringend Erholung.

(Heil)Kräfte aus Asien: Pilates, Yoga und Qi-Gong

Das erste Mal kam ich mit Qi, der Kraft der Asiaten, durch meinen Vater in Kontakt. Der hatte während seiner Zeit als deutscher Botschafter in Hanoi/Vietnam schon viele Kontakte zu China geschaffen. Hanoi liegt sehr nah an der Grenze zum Reich der Mitte. Damals unternahm Papa auch seine ersten längeren Reisen nach Beijing, Shanghai, Wuhan oder Nanjing. Später sollte mein Vater durch die Leitung der Botschaft in Ulan Bator/Mongolei weitere Nähe zu China gewinnen.

Papa ist immer ein offener Mensch gewesen, aus seinem Innersten heraus überzeugter Atheist, in tiefer Verehrung für alle philosophischen Weltbilder und Lebensformen, die in sich die Einheit von Geist, Körper und Seele verwirklichen. Wahrscheinlich hat aber immer noch keiner genau verstanden, was mein Vater wirklich für ein Mensch ist.

Ich versuch's mal so zu erklären: Papa verschenkt keine Harry Potter-Bücher, obwohl ich die zum Beispiel liebe. Die letzten zwei Titel, die er mir geschenkt hat, waren vom alten Meister Lao Tse (lebte um 600 v. Chr.), Tao-Te-King und von Großmeister Xu Mingtang, Zhong Yaun Qigong. Ich zitiere hier kurz etwas aus dem Buch Tao-Te-King:

Unter diesem Himmel
können alle Menschen das Schöne als schön erkennen,
denn es gibt ja auch das Hässliche;
alle Menschen können das Gute als gut erkennen,
denn es gibt ja auch das Böse.
Sein und Nichtsein erzeugen einander,
Schwieriges und Einfaches ergänzen sich,
lang und kurz gestalten einander,
hoch und tief streben zueinander,
Stimme und Klang harmonieren miteinander
Vorderseite und Rückseite folgen einander.

(Lao Tse: *Tao-Te-King*)

Daraus habe ich gelernt, dass es besser ist, zu warten, bis die Fliege müde ist und sie erst dann durch das offene Fenster zu hinauszutreiben. Das erspart ihr den Tod und mir einen Fleck auf der Scheibe.

Was ich damit sagen will, ist, dass es definitiv Alternativen gibt, die jenseits unseres westlichen Auffassungsvermögens liegen. Die asiatischen Ansätze gründen alle in uns selbst und genügen sich selbst. Ich bin überzeugt, dass Qi-Gong, die chinesische Kunst der Selbstheilung und Selbstregulierung, den Verlauf der Leukämie meines Vaters positiv beeinflusst hat. Die Übungen kann er auch machen, wenn er für Sport schon zu schwach ist. Und leider hat er, gerade 80 geworden, nicht mehr so viel Kraft. 14 Jahre krebskrank, das schlaucht.

Qi-Gong macht Papa zwei Mal am Tag. Am Vormittag geht er damit in den Wald und wandert umher, so laut atmend, dass ich sein langgezogenes „Aaaaaaah" schon von Weitem hören kann. Am Abend macht er Sitz-Qi-Gong und stöhnt für die Nachbarn. Wichtig ist es, am Anfang schnell zur tiefen Atmung zu finden, natürlich aus dem Bauch heraus. Dazu kommen dann yogaähnliche Übungen. Mehr ins Detail gehen kann ich hier nicht. Wirkliche Ahnung habe ich noch nicht von Qi-Gong. Das wird etwas für die nächsten Jahre sein.

Yoga und Pilates kann ich aber schon jetzt aus der eigenen positiven Erfahrung heraus empfehlen. Es lässt sich beides zur Not auch alleine üben. Ich persönlich bin aber eher motiviert, mein Letztes zu geben, wenn ich das in der Gruppe im Fitnessstudio mache. In der Yoga-Stunde gibt es öfters schon mal Männer. Beim Pilates bin ich mehr oder weniger oft allein unter Frauen. Die meisten sind in schwarze oder türkise Wurstpellen aus Lycra gezwängt. Ich muss mich da immer in die Ecke zur Trainerin legen, weil ich scheinbar – wie mein Vater – zu laut atme. Das liegt wohl an den großen Lungenflügeln. Die geben hervorragende Klangkörper ab, wenn ich mein Powerhouse so richtig doll aktiviere und tief runter bis in den Unterleib ausatme. Das klingt für Sie alles ziemlich schräg? Das Prinzip ist simpel: Das Powerhouse nach Pilates umfasst die Bauch-, die untere Rücken- und die Beckenbodenmuskulatur. Die Übungen im Stehen, Sitzen oder Liegen nutzen dabei nur die eigene Schwerkraft, keine zusätzlichen Gewichte. Der Körper trägt an sich selbst schon schwer genug. Übungen dazu sind schnell zu googeln.

Wichtig am Anfang ist aber: Bei jeder Übung wird mit dem Ausatmen das Powerhouse angespannt, der Bauchnabel nach unten gedrückt. Stellen Sie sich vor, Sie wollen bei der Ausatmung Ihre letzten Luftmoleküle tief in Ihren Beckenboden blasen. Denken Sie von mir aus auch an Sex dabei. Gerade diese Regionen sollen Sie ja beatmen. Wenn Sie mit dem Rücken am Boden liegen, muss er immer flach anliegen. Da darf kein Blatt zwischen Sie und Mutter Erde passen. Laut auszuatmen, die Luft mit einem „Ahhhhhhh" oder „Haaaaaaa" ausströmen zu lassen, kann Sie in die Ecke zur Trainerin verbannen, auch wenn die fast genauso laut stöhnt, nur eben eine Oktave höher. In meinem Fall scheint das die anderen Damen aber nicht so abzulenken wie mein Atmen …

Yoga ist eine Spur ruhiger als Pilates. Da sind die Übungen – für mich zumindest – entspannter. Es geht mehr um Körperbalance und Gleichgewicht. Es ist weniger Bewegung im Spiel, die Augen sind oft geschlossen. Ich werde eins mit mir, meiner Atmung und meinem Qi. Ich kann allen Männern nur raten: Folgt euren Frauen zum Pilates, zum Yoga! Ihr bekommt danach pure Kraft zurück, auch wenn es nicht gleich für das Kamasutra reicht.

Wassergymnastik für mehr Körpergefühl

Wassergymnastik ist herrlich, nicht nur wegen des 30 Grad warmen Wassers des Bewegungsbades. Nein – herrlich ist das gemeinsame Training mit den meist betagteren Modellen der Abteilung „I-love-Tupper-Partys". Sie hätten allein mal sehen sollen, wie die geguckt haben, als ich das erste Mal zur Gruppen-Therapie mit Nudel gestoßen bin. Allein unter Damen, jede wollte meine Mutter sein, das … war ein großartiger Moment. Ich tauche ein mit allen anderen. Wir hören Pop und Disco, Marke Euro-Dance. Lauter schreit nur die Therapeutin. Denn eine Dame hat ihre Nudel immer noch nicht unter Kontrolle, weil sie ihre Augen nur auf mich wirft.

Ich jedenfalls habe erst im Wasser wirklich zu meinem Körper zurückgefunden. Es trägt einen Großteil unseres

Gewichtes, macht es dem Körper und vor allem seinen Problemzonen leichter, zu reagieren. Es schont die Gelenke und führt gleichzeitig durch den erhöhten Wasserwiderstand zum Muskelaufbau. Außerdem geht es tierisch auf die Pumpe. Und das wollen wir ja.

Schön sind die vielen Schaumstoff-Geräte, deren Auftrieb im Wasser neue Arten des Trainings möglich macht. Angesprochen habe ich schon die Schwimmnudel, oder habe ich nur Nudel gesagt? Es gibt Schwimmbretter, Gürtel, Hanteln, Handschuhe. Die Übungen ähneln denen der Aerobic- oder Pilates-Stunde. Ich habe dann auch meine eigenen Übungen entwickeln müssen, weil mich die Therapeutin irgendwann auf die Seite gezogen hat. Sie meinte, ich solle doch bitte ihre Mädels nicht so ablenken. Ich? Ich doch nicht! Aber egal …

Wandern, Walken oder Joggen?

Zwei Winter nach dem Unfall stand ich wieder auf Skiern. Keine Bretter für die Abfahrt … Als ich für mich und die Mädels an Karneval 2008, 13 Monate nach dem Unfall, Urlaub im Schnee gebucht habe, kam alles andere außer Langlauf nicht infrage. Ich, in voller Vorfreude in der Adventszeit zu Skisport Wider in Zürich-Wallisellen: „E wo töppis zum Skate, bitte.“ „Sehr gärn“, erwidert der freundliche Verkäufer. „Mer hätti do äs Spitzenmodell vo Salomon.“ Ich: „Isch chaufit!“ Gekauft! Das Topmodell mit den passenden Schuhen dazu, Karbonstöcke, alles minus 20 Prozent Rabatt, summasummarum 1.300 Stutz, das sind heute (Stand Mitte 2011) leider 1.100 Euro, damals „nur“ 860 Euro. Ich war wieder dabei im Wintersport, besaß jetzt sensationelle Langlaufski, und hatte dazu natürlich auch gleich das Allround-Wachs-Set mitgekauft. Meinen Lieben habe ich mitgeteilt, dass ich bitte an Weihnachten die passenden Anzieh-Klamotten dazu bräuchte. „Bitte orientiert euch an Neuner & Co!“ Wie typisch für mich, sich immer nur nach ganz oben zu orientieren. In totaler Ausweglosigkeit sehe ich da am ehesten mein Licht, ganz typisch für 'ne Leuchte eben …

Alles ist perfekt vorbereitet, die Ausrüstung top: Wir fahren im Februar 2008 in den Bregenzer Wald nach Schwarzenberg, an meine Hausstrecke, die ich damals von meiner Wohnung in Bregenz aus in 27 Minuten und 30 Sekunden erreichen konnte. Die Kinder sind mit Freunden im Skikurs. Ich stehe dann um kurz nach 11.00 Uhr an der Höhen-Loipe am Bödele, gut zehn Kilometer lang, mittelschwer mit 60 Höhenmetern.

Und? Ja, es hat Spaß gemacht. Nein, Skaten ist vollkommen unmöglich ohne Unterschenkel- und Gesäß-Muskulatur. Schon im klassischen Stil ist es definitiv eine Herausforderung. Allein die Anstiege mit den fluchenden Profis hinter mir, die warten mussten, weil ich immer zwei Schritte hoch und einen zurück gerutscht bin und die ganze zweispurige Loipe komplett blockiert habe. Wenn ich jetzt erklärt hätte, was mir passiert ist, die hätten mich zu Recht gefragt, ob ich noch alle FC-Köln-Tassen im Schrank habe. Denn nach 60 Höhenmetern rauf, geht's natürlich auch wieder 60 runter. Da habe ich mich bei der Abfahrt schon nach zwei Metern fallen gelassen, in den glücklicherweise weichen Pulverschnee. Wer hätte gedacht, dass man auch mit Langlaufski ordentlich Fahrt drauf bekommen kann. In der Folge bin ich die Abfahrt dann in der Hocke runter, nicht in der Abfahrtshocke, mehr in der Kackhocke, damit ich sofort mit dem Hintern bremsen kann, wenn ich mehr als geschätzte 13,3271 km/h draufbekomme. Und, glauben Sie mir, ich habe viel bremsen müssen. Danach war mein Hinterteil reif für die Sauna. Eine Blasenentzündung wollte ich mir hier nicht holen. Nach zehn Kilometern Langlauf war ich froh, es noch zu Fuß zum Ski-Bus geschafft zu haben. Am nächsten Tag war an die Loipe nicht zu denken. Ich hatte, das war sensationell, Muskelkater an Stellen, die ich eigentlich schon abgeschrieben hatte. Jetzt weiß ich, man kann auch Muskelkater an Stellen bekommen, an denen man eigentlich gar nichts spürt. Ich habe also die anderen drei Langlauf-Abenteuer der Skiferien nach Balderschwang ins nahe Allgäu verlegt. Da sind die Strecken leichter – ohne großes Gefälle.

Auch Ostern 2009 habe ich die Langlauf-Ski wieder eingepackt. Diesmal ging es schon wieder hoch hinaus an den Arlberg, ein paar Kilometer vom Ort meines Unfalls entfernt. Die Kinder verlangten nach mehr Anspruch. Das tiefer gelegene Bödele im Bregenzer Wald sind sie so schon oft rauf- und runtergerutscht. Wir haben ja mal ganz in der Nähe gelebt. Jetzt ist der Arlberg nicht gerade für seine sensationellen Loipen bekannt. Ich bin natürlich trotzdem wieder um 9.45 Uhr mit den Kindern in die Skischule, um 10.45 Uhr fertig aufgerödelt, mit dem Taxi die fünf Kilometer von Stuben nach St. Christoph für sensationell teure 26 Euro, um gegen 11.00 Uhr an der Loipe zu stehen. Ostern 2009, es ist April, es ist 15 Grad warm, die Strecke sieht schon jetzt aus wie Caipirinha ohne Limetten. Hier bin ich genau noch einmal gefahren, am zweiten Tag. Dann habe ich es aufgegeben. Langlauf mit meiner Verletzung ist ein „Schaaß", wie der Österreicher sagen würde.

Ich bin später am Nachmittag noch zum Willi von Sport-Strolz in Stuben. Da hatte ich schon mitbekommen müssen, dass die Pistenchefs anscheinend extra für mich einen kleinen Rundkurs planiert hatten. Ich war nämlich im Moment der einzige Langläufer, den sie im Ort zu Gast hatten. Und wenn ich das so schreibe, dann kommt mir, dass ich doch beim nächsten Mal noch eine Kiste Mohrenbräu vorbeibringen sollte. Zurück zu Willi also – der hatte in dieser Saison einen jungen Burschen angestellt. Leider ist mir dessen Name entfallen. Dieser junge Bursche war auch aus der Abteilung Hinkebeine. Ich frage ihn, warum. Er erklärt, dass er im Vorjahr einen Stunt mit dem Snowboard gebracht hat und auch kurze Zeit gelähmt war, hohes HWS-Trauma. Es war eine Quetschung im Halswirbelbereich. Und schon in diesem Winter, so berichtet er, sei er wieder auf seinem Board unterwegs. „Boa!“, denke ich. Den fragst du jetzt mal aus. **Und dann erzählt mir der Bursche, wie er wieder auf die Beine gekommen ist: Mit Wandern im Sommer und Schneeschuhen im Winter.**

Meine neue Wintersport-Disziplin ist geboren. Ich bin natürlich direkt am nächsten Tag entlang der Skiroute an der Albona von 1.400 Metern auf 1.900 Meter hoch, an einem der schönsten Tiefschneehänge der Welt. Ich konnte zwar in der Folge zwei Tage lang kaum noch gehen und habe die Treppen im Hubertushof, unserem Hotel am Ort, nur geschafft, weil ich mich am Handlauf hochgezogen habe. Ich musste bei allen „Transfers“ zusätzliche Pausen einlegen, mich hinsetzen, weil meine Oberschenkel vollkommen „blau“ waren. Mein zweiter Ausflug auf Schneeschuhen ging am vorletzten Tag von der Bergstation der Albona wieder ins Tal hinab, was bei Weitem nicht so anstrengend ist wie die halbe Strecke bergauf im Tiefschnee. Und am letzten Tag bin ich von der Mittelstation auf 1.800 Meter, hoch zum Albonagrat auf 2.400 Metern und dann erst wieder ins Tal hinab. Da war ich technisch schon einiges versierter als beim ersten Versuch.

Meine Meinung: ES GIBT NICHTS BESSERES FÜR DEN MUSKELAUFBAU! Ich bin in den Folgejahren 2010 und 2011 bereits von der Mittelstation noch weiter hoch zu den Maroiköpfen auf 2.500 Metern und von da wieder runter bis nach Langen auf 1.200 Metern über dem Meer … Eine Tagestour, die ich heute genauso genießen kann wie damals einen Tag mit Powderguns im Tiefschnee. Freiheit lässt sich auch auf Schneeschuhen erleben, vor allem, wenn man seinen Skistil überlebt hat.

So – frei nach dem Burschen von Sport-Strolz in Stuben habe ich 2009 natürlich gleich mit Wandern angefangen. Dazu habe ich mir leichte Bergstiefel gekauft und Teleskop-Stöcke aus Karbon. Jetzt ist das Rheinland nicht gerade für seine Berge bekannt. Und die 509 Stufen den Kölner Dom rauf sind für meine Füße zu schmal, denn ich kann nur mit den Fersen stabil auftreten. Bei Schuhgröße 49 würde ich jedoch von den Stufen abrutschen, oder schlimmer noch, umknicken. Es gibt aber ein Gebirge im Rheinland, das überragt selbst den Kölner Dom um fast das Dreifache: das Siebengebirge mit seiner höchsten Erhebung, dem Ölberg. Der liegt auf 460 Metern über dem Meer. Und wenn man vom Rhein aus (50 ü. d. M.) hinaufgeht, dann hat man schon einiges geschafft. Da mir diese Strecke aber zu flach ansteigt, bin ich fast immer am steilen Drachenfels unterwegs. Da erreichen normale Wanderer nach gut 40 Minuten die Burgruine auf 320 Metern (ü. d. M). Ich habe die 270 Höhenmeter rauf und runter im ersten Jahr in einer Stunde und zehn Minuten gepackt. Im letzten Jahr wurde die Stundenmarke geknackt. Und in diesem Sommer bin ich das erste Mal unter 50 Minuten hoch zur Ruine und wieder zurück. Bergab kann mir mittlerweile kein gesunder Mensch mehr folgen, weil ich mir mit meinen Siebenmeilenschritten, abgestützt auf den Stöcken, unterstützt von Oberarm- und Rumpfmuskulatur, eine größere Schrittlänge angeeignet habe.

Wenn ich mich auf eine mehrtägige Bergtour in den Hochalpen vorbereite, dann mache ich den Drachenfels bis zu drei Mal hintereinander, gerne auch über die Rhöndorfer Seite. Dort gelange ich mitten durch das Gelände hoch zur Burg. Am Anfang geht es durch bis zu 45 Grad steile Weinhänge. Der Mittelteil ist technisch herausfordernd, denn es geht fast ausschließlich über loses Geröll. An dieser Seite des Drachenfels hat man jahrhundertelang Bergbau betrieben. Der Anstieg im Wald ist bis zu 70 Grad steil.

Ich würde es da im Moment keine drei Mal rauf und runter schaffen, vor allem, weil mir die Zeit fehlt. Aber ich versuche, jede Woche wenigstens drei Mal da zu sein. Wie schon gesagt, es gibt kein effektiveres Training, wenn Joggen unmöglich ist. Allein schon die Gefahr, mit den Füßen umzuknicken, wäre ständig präsent. Ich bin bereits froh, dass ich mittels Kompensation aus Oberschenkeln und Rumpf heraus meinen Schritt sauber setzen kann. Fahrradfahren wäre mit Unterschenkel-Orthesen möglich, weil ich mir so die gelähmten Sprunggelenke feststelle. Aber auf dem Velo, so gerne ich es wieder machen würde, da trainiere ich nicht die Muskeln, die mir fehlen. Und Oberschenkel habe ich ja genug. Durch das Bergauf-Laufen komme ich endlich wieder in den maximalen Belastungsbereich meines Pulses. Beim Bergab-Laufen wird meine stabilisatorische Rumpfmuskulatur perfekt aufgebaut. Ich habe nach jeder härteren Einheit am Drachenfels Muskeltonus im ganzen Körper. Meine Gelenke werden durch den Stockeinsatz geschont. Ich bin in der Natur, an der frischen Luft, bei Sonne, Wind und Regen, und im Winter ist das Siebengebirge mittlerweile schon wieder schneesicher. Es gibt meines Erachtens kaum etwas Schöneres, als den menschenleeren Drachenfels im Tiefschnee hochzuwandern. Leider haben die Schneehöhen für meine Schneeschuhe noch nicht ausgereicht, denn mehr als 40 Zentimeter sind es selbst im strengen Winter 2010 nicht gewesen.

Durch die vielen unterschiedlichen Bodenformen am Drachenfels wird meine Muskulatur besser trainiert als auf glattem Untergrund. Und je trockener es wird, desto schwerer wird der Aufstieg. Denn dann muss ich meinen Schritt besonders gut setzen, um nicht auf dem staubigen, steinigen Boden abzurutschen. Das bringt mich mitunter an die Grenzen meiner Belastungsfähigkeit. Genau das finde ich ja immer noch so genial! Nur, dass ich jetzt mein Leben nicht mehr dabei gefährde.

Wer mit Walken oder Wandern anfängt, sollte sich unbedingt bei der Ausrüstung gut beraten lassen. Leicht sollte sie sein, gleichzeitig aber auch stabil genug, um Sie und Ihre Sprunggelenke vor dem Umknicken zu schützen. In Turnschuhen den Halt zu verlieren, gegebenenfalls talwärts zu stürzen, das darf unter keinen Umständen passieren. Irgendwo rumzuklettern, wenn man es nicht gelernt hat, ist lebensgefährlich, ohne die richtige Ausrüstung sowieso. Ich persönlich würde nie ohne hohes Schuhwerk aus dem Haus gehen, wenn irgendeine Steigung oder ein Gefälle vor mir liegt, schon gar nicht im Gelände. Wer beispielsweise allein nur den Drachenfels (Rhöndorfer Seite) durch den Wald besteigen will, der riskiert ohne Stöcke und bergerprobtes Schuhwerk schlimme Verletzungen: Lieber mit schweren Schuhen an beiden Füßen unterwegs, als mit einem Fuß im Krankenhaus!

Mein Training für zwischendurch

Trainieren kann ich eigentlich überall. Meine Pilates-Übungen verträgt jedes Handtuch, zu jeder Tages- und Nachtzeit, zu Hause, im Hotel oder auch am Strand. Denken Sie nur an Strafgefangene, die sich in Einzelhaft über Monate in ihrer Zelle fit halten müssen. Zwei Schritte bis zur Wand, drei von der Tür zum Fenster und zwischendurch zwanzig Mal pumpen: Liegestütz kann man auf nur zwei Quadratmetern hervorragend machen. Aber gottlob sitzen die meisten meiner Leser nicht im Knast.

Eigentlich meine ich auch nicht das oben beschriebene Training. Es gibt immer mal Zeiten, in denen die Ansprüche der Arbeit, der Familie oder einfach nur des täglichen Lebens zu dominant sind. Zeit ist knapp, Termine von morgens bis abends, das Telefon klingelt ständig und bringt neue Arbeit. Die Große schreibt nächste Woche eine

Mathe-Arbeit. In solchen Zeiten ist es gut, den Plan B zu kennen. Und der geht so:

Holubeks PLAN B

- Gehe jede Treppe zu Fuß hoch und fluche lautstark über alle diejenigen, die mehr Zeit haben oder für eine Etage schon den Fahrstuhl benutzen.
- Wenn du schon Fahrstuhl fahren musst, dann wenigstens nur abwärts. Dabei stellst du dich einbeinig auf deine schwache Seite und balancierst die Fahrt aus. Fortgeschrittene mit geschlossenen Augen.
- Wenn du schon so viel autofahren musst, dann spanne am Steuer nacheinander jeden Muskel im Körper 15 Sekunden lang an. Halte dabei IMMER beide Hände fest am Lenkrad und die Augen auf der Straße. Wenn du damit fertig bist, dann mache das insgesamt drei Mal.
- Sitze konzentriert im Stuhl oder Sessel und mache das gleiche Training am Schreibtisch. Der Vorteil: Du kannst immer noch den Chef anlächeln und so tun, als ob du arbeitetest. Wenn dir der Schweiß auf der Stirn glänzt, dann kann das bei der Arbeit auch keinen schlechten Eindruck hinterlassen.
- Wenn du die Spülmaschine ein- oder ausräumst, dann spanne immer deinen gesamten Rumpf voll an. Versuche dabei, mit lang gestreckten Armen und vor allem sehr langsam und genau zu arbeiten. Auf die Körperspannung kommt es an. Dein Rücken bestimmt die Länge deiner Bewegungen. Er sollte immer imstande sein, die Übung zu halten, ohne sich dabei verbiegen zu müssen.
- Knie beim Einkaufen mit geradem Rücken vor den Regalen. Sammle in der Beinstreckung die Artikel ein und lege sie im Einkaufswagen ab.

• Versuche, beim Einkaufen unbedingt als Erster die Kasse zu erreichen. Zur Feierabendzeit steuern immer mindestens vier Konkurrenten gleichzeitig zum Zahlen. Solltest du nicht Erster werden, dann rolle bitte zur Strafe ein Mal zu den Pfandautomaten hin und wieder zurück.
• Halte dich bei Bus- oder Bahnfahrten nicht fest, sondern federe das Gewackel ab wie ein Surfer auf seinem Brett. Das ist super für alle Muskeln und die Propriorezeptoren (zuständig für Tiefensensibilität und Gespür für die Gelenke).
• Alles, was du tragen musst, geschieht unter voller Rumpfspannung. Aufnehmen und Ablegen geschehen aus den Knien heraus und nicht aus dem Rücken.
• Dehnen kannst du dich auch fast überall, ist aber beim Autofahren nicht zu empfehlen.
• Bewusst atmen lässt sich im stressigen Alltag ganz besonders gut üben. Außerdem steigert es die Leistungsfähigkeit und Konzentration.

Bewegen Sie sich bewusst. Nur wenn man sich genau klar macht, wie sich die Spannung anfühlen muss, welche Muskeln zum Wegräumen eines Tellers notwendig sind, nur dann lernt man, gesunde Bewegungen im Alltag durchzuführen. Und allein das ist schon eine Menge wert.

Vier Methoden für alle Spezialfälle: Vojta, Bobath, PNF und SRT

Ich bin erklärtermaßen kein großer Fan von Alibi-Therapie. Das sind alle Methoden, bei denen sich der Patient selbst kaum noch anstrengen muss. Es gibt Dutzende von Apparaten, in denen der Patient von einer Maschine entweder voll oder teilweise bewegt wird, die den Patienten – sorry, verehrte Damenwelt, dass ich bis hier so oft, vielleicht sogar aus gutem Grund, die männliche Form des Wortes „Patient“ gewählt habe – die also die PatientIn unter Strom setzen. Dabei wird leider auch das faule Gen in uns geweckt. Im Fitnessstudio heißt so etwas Power-Plate. Das müssten Sie aus der Werbung kennen: „Der Zehn-Minuten-Erfolg“, so gut wie „zwei bis drei Mal zehn Minuten Ganzkörpertraining pro Woche“. Aus eins mach drei. Für mich sind zehn Minuten Training immer noch zehn Minuten Training.

„Faradisation“, was für ein Wort! Auch ich hänge in der Reha monatelang dran. Dabei werden meine Unterschenkel unter Strom gesetzt. Gleichzeitig soll ich versuchen, sie zu bewegen. Der Stromimpuls ist zwischen 0,1 und 1 Millisekunde lang. Die Frequenzen reichen von 10 bis 100 Hertz. So sollen die ganzen Aktionspotenziale von Nerven und Muskulatur ausgelöst werden. Das brennt zwar, aber mit gelähmten Unterschenkeln ist es noch sehr angenehm. Darin soll auch der Fortschritt der Faradisation gegenüber der herkömmlichen niederfrequenten Reizstromtherapie liegen. Der Strom reizt sensible PatientInnen nicht so sehr aufgrund der kurzen Impulsdauer. Mir hat das meines Erachtens null geholfen. Danach konnte ich meine Unterschenkel gar nicht mehr bewegen, weil sie vom Strom ausgelaugt waren.

Es gibt aber eine Reihe von Techniken bei der krankengymnastischen Behandlung, die, professionell und kontrolliert durchgeführt, sehr effektiv sein können. Das hängt natürlich stark von der Art und der Schwere Ihrer Krankheit oder Verletzung ab.

- **Die Vojta-Therapie** ist eine physiotherapeutische Behandlungsmethode für Verletzungen des zentralen Nervensystems und des Knochen- und Bewegungsapparats. Sie wurde von dem tschechischen Neurologen und Kinderneurologen Václav Vojta entwickelt. Mit der sogenannten Reflexlokomotion hat er eine Methode entwickelt, die elementare, aber fehlende Bewegungsmuster auch bei kranken Menschen zumindest teilweise wieder möglich macht. Die *Reflexlokomotion* ist eine Therapie, bei der ein Reflex provoziert wird, der stets die gleichen körperlichen Bewegungen auslöst. Diese Reaktionen auf bestimmte Reize können nicht bewusst gesteuert werden, fördern aber die Lokomotion, die Fähigkeit zur Fortbewegung. In den drei Grundpositionen Bauch-, Rücken- und Seitenlage beschreibt Vojta zehn Auslösungszonen am Körper. Denken Sie an ein Baby, das die Augen schließt, wenn wir es zwischen den Augenbrauen streicheln.

So übt auch der Vojta-Therapeut einen gezielten Druck auf bestimmte Körperzonen des Patienten aus. Dadurch sind die im Einzelnen wissenschaftlich exakt beschriebenen Bewegungsabläufe jederzeit abrufbar. Durch wiederholtes Auslösen über den Druck kommt es beim Patienten zu Freischaltungen oder Neubahnungen innerhalb der blockierten Bereiche zwischen Gehirn und Rückenmark. Plötzlich werden lange vermisste Bewegungen wieder ausgegraben.

• An ähnliche Zielgruppen wendet sich auch **die Bobath-Therapie** nach Berta und Karl Bobath. Das Konzept gründet auf der Fähigkeit des Gehirns, sich selbst umorganisieren zu können. Gesunde Hirnregionen übernehmen die von den erkrankten Regionen zuvor ausgeführten Aufgaben und lernen neu (Plastizität). Berta Bobath hatte Mitte der Vierzigerjahre entdeckt, dass Spastik bei Kranken durch bestimmte Lagerungen, Stellungen und Bewegungen zum Teil verschwand.

Die Bobaths erkannten die neuen Möglichkeiten, die sich durch die Plastizität des Gehirns ergeben. Verloren gegangene Funktionen, zum Beispiel nach einem Schlaganfall, können durch Vernetzung und Intensivierung anderer Hirnbereiche wiedererlangt werden. Hierzu werden Bewegungssequenzen im Gehirn durch ständiges Wiederholen „einprogrammiert". Über diesen Lernprozess erarbeitet sich der Patient eine neue Kontrolle über seine Muskelspannung und Bewegungen.

Die Methoden des Bobath-Konzepts sind Lernangebote, die je nach Befund individuell zusammengestellt werden. Es berücksichtigt die Lagerung der Patienten zur Vermeidung oder Hemmung der Spastik. Die Bewältigung des Alltags, bestimmte Bewegungsanbahnungen, etwa die in der Küche, werden geübt. Ziel ist das Selbsthilfetraining, also die Hilfe zur Selbstpflege.

Insbesondere bei PatientInnen mit einseitigem Schlaganfall hilft Bobath sehr gut. Denn es bezieht die stärker betroffene Körperseite immer wieder in Alltagsbewegungen ein, stimuliert sie sensorisch, damit sie in ihren Bewegungen mit der weniger betroffenen Körperhälfte in Einklang kommt.

- Hinter **PNF** verbirgt sich ein Wortkonstrukt, das mir mein Therapeut gut ein Dutzend Mal vorsprechen musste, bis ich es kapiert hatte. Bei der **Propriozeptiven Neuromuskulären Fazilitation (PNF)** werden die Druck- und Dehnungsrezeptoren in Muskeln (Propriozeptoren), aber auch Sehnen und Gelenke durch Druck, Dehnung, Entspannung oder Streckung stimuliert. Diese Abläufe werden in festgelegten Reihenfolgen geübt. Dadurch kommt es zu vermehrten Reaktionen in den Muskeln.

Ich habe vor allem am Anfang meiner Reha oft PNF gemacht. Auf dem Rücken liegend habe ich mir die Bewegung, den Schritt eines Beins vorgestellt, und der Therapeut hat die Bewegung für mich ausgeführt. Gerade, wenn die Beine noch stark gelähmt sind, haut dich das nachher um. Das macht im Kopf so platt, wie drei Stunden Elternabend in der Grundschule. Danach ist man vollkommen leer.

• Beim **SRT-Training, der Stochastischen Resonanz-Therapie** wird mit Reizen nach dem Zufallsprinzip gearbeitet. Es eignet sich für viele Krankheitsbilder. Eigentlich ist das ein Hardcore-Power-Plate, denn das schüttelt dich mitunter richtig durch. Die Wirkung beruht auf zufälligen Reizen, die ein „Wackelbrett" auslöst. Das Gehirn kann diese chaotischen Signale wesentlich klarer erfassen, als gleichmäßig wiederkehrende Reize. Die blendet das gelangweilte Hirn gerne mal aus. Während des starken Wackelns werden Bewegungsabläufe im Gehirn sozusagen „freigewackelt".

Wie so oft bei Spezialfällen der Medizin: Zu Wirkungen und Nebenwirkungen fragen Sie bitte Ihren Arzt …

Wie Sie sich selbst motivieren

Ungelogen! Jetzt sind es nur noch 13 Tage bis zum Buchabgabetermin, aber es gibt immer noch eine Menge unbeschriebener Blätter zwischen den Buchdeckeln, die Sie in den Händen halten.

Ich heiße weder Harry Potter noch bin ich Minister. Das muss ich alles noch ganz alleine schreiben. Jeder Finanzbeamte, Oberstudienrat oder Hauswart würde nur den Kopf schütteln. Wie soll da etwas Gehaltvolles entstehen? Geht gut, erwidere ich, sonst hätten sie es ja nicht gekauft. Ich kenne mich. Auch wenn ich alles auf den letzten Drücker mache, bin ich gut vorbereitet. Produktion an einem Stück ist aus einem Guss. Alles ist da in der Birne. Ich weiß genau, was noch zu tun, zu recherchieren, zu schreiben ist. Ich denke nur noch monothematisch. Gut 350.000 Anschläge sollen es am Ende werden. Allein heute habe ich fast 40.000 geschafft. Alles liest sich annähernd druckreif. Guter Stoff! Mein Kühlschrank ist voll. Rechnungen, Knöllchen sind bezahlt. Die Umsatzsteuervoranmeldung ist weg. Mein nächstes Seminar steht. Das Büro ist blitzblank geputzt, überall genug Klopapier deponiert.

„Herr, es ist Zeit. Der Sommer war sehr groß. Leg deinen Schatten auf die Sonnenuhren, und auf den Fluren lass die Winde los. Befiehl den letzten Früchten, voll zu sein; gib ihnen noch zwei südlichere Tage, dränge sie zur Vollendung hin, und jage die letzte Süße in den schweren Wein.

Wer jetzt kein Haus hat, baut sich keines mehr. Wer jetzt allein ist, wird es lange bleiben, wird wachen, lesen, lange Briefe schreiben und wird in den Alleen unruhig hin und herwandern, wenn die Blätter treiben."

(Rainer Maria Rilke in *Der Apfelgarten*)

Mein Prinzip ist anders. Andere mögen schöner sein. Suchende haben immer Zeit für Liebe. Effektiv ist nie sexy, aber in meinem Fall direkt nach dem Bauherrenmodell …

DAS HOLUBEK-PRINZIP

Ich mache anfangs viele Baustellen für Schlösser auf. Aber ich weiß, am Ende muss ich mich vorerst für eine entscheiden.

Trotzdem sollen später noch viele schöne Schlösser entstehen.

Wenn mir dann beim aktuellen Schlossbau die Schlüsselübergabe droht, ziehe ich die Arbeiten von den anderen Schlössern komplett ab, schalte Telefone aus, mache Sport und Reha um Mitternacht (wenn überhaupt) und bin meinen Kindern ein schlechterer Vater.

Dann baue/schreibe ich, und es wird richtig gut. Erst jetzt bin ich wirklich fokussiert.

Das ist mein Prinzip. Ich kämpfe erst richtig gut, wenn es um alles geht, in meinem Fall auch mal um mein Leben. Das funktioniert … bei mir. Jeder hat da seine eigenen Hebel, die ihn zu Bestleistungen motivieren. Für alle gilt jedoch die Frage nach dem Zeitpunkt. Wann habe ich mich endlich stark genug motiviert, um zum Angriff zu blasen? Wann beginnt „sofort"? Man will ja schon, aber eben nicht genug, um sich in die Hände zu spucken. Motivation lässt sich nicht stehlen, schlucken oder delegieren.

Wichtig ist erst mal, dass Sie sich klarmachen, wofür das Ganze ist. Dazu stellen Sie sich vor, was wäre oder nicht wäre, wenn Sie in zehn Jahren an gleicher Stelle stünden. Und bitte stellen Sie sich das ganz genau vor. Sie sind dann beispielsweise 54 Jahre alt und damit auch zehn Jahre schwächer. Ihr Haar ist längst komplett ergraut, wenn überhaupt noch welches da ist. Ihre Zähne ragen einen gefühlten Zentimeter länger aus dem Mund heraus. Und Ihre mittlerweile erwachsenen Kinder nehmen Sie nicht mehr ins Konzert mit. Das alles beschreibt mehr oder weniger gut den Zustand eines Mitteleuropäers oder einer Mitteleuropäerin nach der siebten Midlife-Crisis oder dem Klimakterium.

Jetzt überlegen Sie sich mal, Sie hätten dann noch einen schweren Unfall gehabt, oder eine Krankheit hätte Sie in die Knie gezwungen. Hey! Aufwachen! Genau das ist der Moment, an dem Ihre Kinder Sie doch wieder ins Konzert mitnehmen würden. Ihre Lieben haben sich nämlich persönlich ein halbes Jahr vorher um Rollstuhlkarten bemüht, denn sie wissen nicht, wie lange sie Ihnen so etwas noch zumuten können. Soll das schon Ihr Leben gewesen sein?

Kein Arzt kann Sie zur Vernunft zwingen. Nur Sie selbst sind letztendlich in der Lage, den START-Knopf zu drücken, freiwillig auf LOS zurückzugehen, sind als einziger Mensch auf der Welt wirklich imstande, Ihr Leben, Ihre Gesundheit UND Ihre Zukunft zu bestimmen. Wenn Ihnen schon die vielen Arschtritte im Leben nicht geholfen haben, dann gibt's noch eine letzte Chance: Sie springen aus der fünften Etage mit dem Arsch voran. Das wird Sie endgültig treffen.

Motivation als Wissenschaft

Motivation ist reine Kopfarbeit. Und weil Neurologen immer schneller mit ihrem Latein am Ende sind, sucht gegen Ende der Therapie oft nur noch der Psychoanalytiker nach Motivation. „Wo ist sie nur hin?“, ist die falsche Frage. „Warum ist sie nicht da?“, das wollten schon die alten Griechen wissen. Die haben sich damals Motivation noch ganz einfach erklärt: „Sie ist da, wenn es Spaß macht. Sie bleibt weg, wenn es keinen Spaß macht.“ Warum kompliziert, wenn es so ... nicht wahr?

Viel später, im 19. Jahrhundert, wurden erste tiefere Ansätze zum Thema geschaffen. Der Utilitarismus von Jeremy Bentham und John Stuart Mill hat dann „Spaß“ mit mehr oder weniger bewussten Instinkten und Trieben erklärt.

Chefwisser zu diesem Thema bleibt wieder mal Sigmund Freud. Er hat unseren Kopf in drei Ebenen unterteilt, das Ich, das Über-Ich und das Es. Ich ist die reale Persönlichkeit, das Über-Ich die Moral, das Es sind die Triebe.

Die Motivation aus dem Über-Ich kommt mal bewusst, sehr oft jedoch unbewusst, weil sie von den Moralvorstellungen der Eltern und der Erziehung geprägt ist, manchmal sogar stärker, als uns lieb ist. Später im Leben müssen wir dann mit diesen Normen, Idealen, Rollen und Weltbildern auch noch zurechtkommen oder eben nicht. Die können dann nämlich schnell mal an unseren wahren Werten und Trieben scheitern.

Triebe laufen eher unbewusst ab. Das Es kennt keine Ablehnung, keine Zeit, keine Widersprüche. Wir sind gerade dann höchst motiviert, wenn unsere Triebe befriedigt werden, etwa Hunger oder sexuelles Verlangen. Bedürfnisse und Affekte entstehen einfach, z. B. durch Neid, Hass, Vertrauen oder Liebe. Das Ich, Randgebiet des Es, unserer Triebe, bleibt der Realist in uns. Das Ich will bewusst und konstruktiv psychische und soziale Konflikte lösen. Motivation ist hier der Vermittler zwischen den Ansprüchen des Es, des Über-Ich und der sozialen Umwelt.

William James und William McDougall, Zeitgenossen Freuds, haben weitere Triebe und Spaßfaktoren hinzugenommen: Bewegungsdrang, Neugier, Harmoniestreben, Eifersucht, Sparen, Wissbegierde, Familie, Ordnung, Spiel, Kontakt, Aggression, Leistung oder Sympathie.

In den 1950er-Jahren hat Burrhus Frederic Skinner noch etwas Wichtiges über unsere Motivation herausgefunden: Demnach erlernen wir bestimmte Verhaltensweisen besonders gut, wenn wir direkt im Anschluss daran belohnt werden. Im Umkehrschluss funktioniert die Bestrafung.

In den 60er und 70er-Jahren haben Wissenschaftler umfassend untersucht, wie Motivation genau funktioniert. Zu den bekanntesten Theorien gehört das Zirkulationsmodell von Lyman W. Porter und Edward E. Lawler. Da hängt die Motivation vom Wert der erwarteten Belohnung und von der Wahrscheinlichkeit ab, mit der das erhoffte Ergebnis eintrifft. Folglich wählen wir unter mehreren Alternativen diejenige aus, die für uns den höchsten Erwartungswert hat. Wenn wir durch das Ergebnis belohnt werden, etwa mit einer Verbesserung der Gesundheit, steigt die Zufriedenheit. Das spornt wiederum zu neuen Leistungen an.

Schließlich kamen John Barbuto und Richard Scholl Ende der Neunzigerjahre den fünf Quellen der Motivation auf die Spur, zwei intrinsischen und drei extrinsischen Quellen.

Intrinsische Motivation steht für alles, was wir um seiner selbst willen unternehmen. Wenn ich gerne Sport mache, dann werde ich auch in der Reha genauso gerne dabei sein, ohne mir immer direkt Gedanken um die Belohnung zu machen oder wofür ich mich hier überhaupt so quäle.

Die zweite intrinsische Motivation orientiert sich an Standards und Maßstäben der Gruppe. Wir machen die Reha-Übungen, weil das in der Reha eben so üblich ist und weil wir dazu gehören wollen, alle … bis auf Frau Schmitz. Wir aber haben unsere Vorgaben bekommen. Die sind jetzt einzuhalten. Wenn der Physiotherapeut sagt, 20 kg Beinpresse à drei Sätze à 20 Wiederholungen, dann muss das auch so gemacht werden. Und schön wäre noch, wenn ich am Schluss zwei Wiederholungen mehr machen könnte als alle anderen, am besten drei Mal, soviel wie Frau Schmitz, die heute auch im Raum ist und wieder nur jammert. Bei dieser Quelle der Motivation steht also das Leistungsmotiv im Vordergrund.

Extrinsische Motivation ist eher das Gegenteil davon. Im ersten Fall wird die Motivation instrumentalisiert. Wenn ich heute gut trainiere und gesund lebe, werde ich in Zukunft leistungsfähiger und erfolgreicher in Leben und Job sein. Ich habe Aussicht auf mehr Macht, mehr Geld, mehr Sex. Beim externen Selbstverständnis hänge ich sehr an den Idealen und Erwartungen meines Umfeldes. Wenn ich zum Kapitän einer Fußballmannschaft gewählt wurde, dann möchte ich den Job möglichst gut machen. Das heißt, ich darf nicht krank werden, mich nicht verletzen. Ich trage ja nicht nur Verantwortung für mich, sondern auch für die Mannschaft. Diese

Quelle der Motivation ist das Zugehörigkeitsmotiv. Die zweite extrinsische Motivation basiert auf der Internalisierung. Die Personen einer Gruppe verfolgen die Ziele der Organisation oder des Unternehmens. Sie wollen ihren Beitrag leisten und mithelfen, die Arbeitsbedingungen zu verbessern. In Facebook gibt es die von mir gegründete Gruppe Holubek-Therapie (http://de-de.facebook.com/Holubektherapie). Hier sollen die Mitglieder bitte ihre Erfahrungen aus ihrer Therapie und ihrem Training mit einbringen, demonstrieren helfen, wie man schnell gesünder werden kann, wenn alle Maßgaben der Holubek-Therapie eingehalten werden. Motivation ist in dem Fall eine Kombi aus Zugehörigkeits- und Leistungsmotiven.

Nur kleine Ziele machen glücklich

Wer hoch hinaus will, muss einen langen Anlauf nehmen. Wie lang der Anlauf eines Kranken ist, kann aber keiner abschätzen. Deswegen können wir nur die Ziele ins Auge fassen, die für uns erreichbar und überschaubar bleiben. Und das bezieht sich im Regelfall erst mal nur auf heute! Schon was morgen kommt, ist so unsicher vorauszusehen wie das Wetter.

Ich wollte immer laufen können. Das war das wichtigste meiner Ziele. Erst heute weiß ich sicher, dass ich es geschafft habe. Das war lange Zeit nicht klar. Wie gesagt, Prognosen hat keiner gewagt. Mediziner sprechen oft von nur ein bis zwei Prozent, die es nach einer Querschnittlähmung wieder geschafft haben. Wow! Da soll ich dazugehören? Für viele Menschen grenzt es sogar an ein Wunder, dass ich wieder laufen kann. Wobei – die Grenze zum

Wunder kann ja immer noch zu 100 Prozent erreichbar sein. Aber dann muss alles, aber auch wirklich alles, glattlaufen wie in meinem Fall. Mein Vater hatte noch Anfang 2010 Tränen in den Augen, sobald meine Krankheit Thema war: „Mensch, Junge! Ich wünsch' mir so, dass du wieder gesund wirst." Dabei war ich doch schon lange über LOS gekommen, mit den Taschen voller Glück, einem Sack voller „Probleme" weniger und der Aussicht auf ein sorgenfreies Leben. Wer kann so etwas schon von sich behaupten! Ich habe mich letztens ein paar lange Abende mit meinem Vater zusammengesetzt und ihm das erzählt, was Sie eben gelesen haben. Jetzt glaubt endlich auch Papa an mich.

Hätte ich von all dem schon geträumt, als die Retter am Arlberg noch bemüht waren, mich abzutransportieren – wer weiß, ob ich überhaupt so weit gekommen wäre. Als ich im Schnee lag, war ich komplett gelähmt. Aber fünf Prozent meiner Nerven im Rückenmark waren nicht betroffen. Das wusste damals nur ich, weil ja mein Oberschenkel noch leicht druckempfindlich war.

Der 13.01.2007 war mein erster wahrer Glückstag im neuen Leben. Denn ich lebe noch!

Und so sollte jeder Krankheit sehen. Seien Sie froh, dass Sie leben! Es liegt noch reichlich mehr Glück parat für Sie. Seien Sie bereit, es anzunehmen, wenn nicht heute, dann vielleicht schon morgen. Gönnen Sie sich Geduld. Nutzen Sie die Zeit im Krankenbett, um sich selbst zu finden. Freuen Sie sich über alles, was Ihre Lage positiv verändert. Freuen Sie sich über jede Kleinigkeit. Das ist manchmal das Maximum, das Sie an einem Tag erreichen können. Wenn Sie sich darüber freuen können, dann sind Sie dankbar, sich selbst und dem Leben gegenüber.

Den folgenden Artikel zu kleinen Zielen habe ich in der *Sportbild* gefunden – so hervorragend formuliert, dass ich es besser nicht sagen könnte: **Triathlon-Star Timo Bracht, zweimaliger Ironman-Europameister, verrät seine zehn**

Tipps, wie der innere Schweinehund leichter zu überwinden ist:

1. Schaffen Sie sich Rituale: Gewöhnen Sie sich an, Sport zu festen Zeiten zu machen. Ideal sind zum Beispiel Übungen direkt nach dem Aufstehen. Oder Joggen gehen gleich nach der Arbeit. So kommen Sie dahin, dass Sie etwas vermissen, wenn Sie keinen Sport gemacht haben.

2. Überlisten Sie sich selbst: Sie kommen erschöpft vom Job zurück und wollen einfach nur auf die Couch? Ziehen Sie stattdessen gleich Laufklamotten an. Dann schaffen Sie es leichter vor die Tür. Schließlich haben Sie sich ja schon umgezogen… oder gehen Sie zum Bäcker, statt das Auto zu nehmen. Zur Arbeit könnten Sie auch mit dem Fahrrad fahren? Was überlegen Sie noch? So starten Sie gleich aktiv in den Tag.

3. Rote Liste: „Heute war so ein harter Tag im Büro…" Wer kennt diese Ausflüchte nicht? Schreiben Sie die gängigsten Ausreden auf, hängen Sie sie mit einem Smiley an die Wohnungstür – und schon werden Sie sie überwinden.

4. Zum Sport verabreden: Sich alleine zum Sport aufzuraffen, fällt manchmal schwer. Also verabreden Sie sich lieber mit Freunden. Eine Verabredung zum Sport sagt man nicht so schnell ab. Außerdem macht Sport in Gesellschaft oft mehr Spaß. Ob Spaziergänge, Fitnessstudio oder eine Squash-Partie – verbinden Sie es mit Geselligkeit.

5. Neues ausprobieren: Man muss ja nicht gleich Triathlet werden. Vielleicht macht Schwimmen, Radfahren oder Laufen einzeln mehr Spaß. Einfach ausprobieren, ob Sie Ausdauersport mögen, lieber Gewichte stemmen oder mit Freunden auf den Bolzplatz gehen, so wie früher. Seien Sie mutig! Suchen Sie sich neue Herausforderungen!

6. Ziele setzen: Die Aussicht auf eine Urkunde oder Medaille kann Berge versetzen. Wettkämpfe gibt es schon für absolute Hobbysportler – vom Waldlauf über ein Jedermann-Radrennen bis zum Bowling-Turnier. So ein kleiner Anreiz erhöht die Trainingsmotivation.

7. Ziele öffentlich machen: Auch wenn es Ihre Freunde nicht interessiert – via Facebook können Sie gut ein öffentliches Tagebuch führen. Das macht Ihnen gesunden Druck.

8. Bewegung nach Plan: Sie haben keinen Trainer? Kein Problem. Schreiben Sie selbst einen Trainingsplan, auch wenn er nicht wissenschaftlich ist. Achten Sie darauf, dass Sie alles nur ganz ganz langsam steigern, und holen Sie – wenn möglich – auch ein paar Tipps von Freunden. Sollten die sagen, dass Sie zu wenig machen, wechseln Sie einfach den Tippgeber. Und nicht vergessen: auch aufschreiben, was Sie täglich gemacht haben.

9. Belohnen Sie sich! Haben Sie Sehnsucht nach der geliebten Couch und den Chips? Kein Problem. Erlauben Sie sich kleine Sünden – aber nur nach bestimmten Trainingseinheiten, an bestimmten Wochentagen und nur in kleinen Rationen. Dann bleibt es auch was Besonderes. Auch neue Laufschuhe oder ein schickes Funktions-Shirt können eine Belohnung sein. Dann macht die nächste Einheit gleich noch mehr Spaß.

10. Helfen Sie Ihrem Körper, sich selbst zu helfen: Man muss nicht gleich eine Diät machen, um sich besser zu fühlen. Wer abends auf Kohlenhydrate verzichtet (Brot, Nudeln, Schokolade), der beugt Übersäuerung vor und weiß bald nicht mehr, was Völlegefühl überhaupt ist. Morgens ist man gleich viel fitter.
(*Sportbild*, 3. August 2011 – S. 70 ff.)

Legen Sie sich Messlatten auf!

Ich habe mal in einer Redaktion gearbeitet, da habe ich viel über Messlatten gelernt. Mit „Messlatte" meine ich jetzt nicht etwa die hölzerne, drei oder fünf Meter lange Messlatte, die in der Vermessungstechnik zur Längenbestimmung im freien Feld verwendet wird.

Diese Latten sind nämlich klar in Meterabschnitten, wechselweise weiß-rot oder weiß-schwarz lackiert, zur Längenteilung mit großen Nägeln nach jedem Meter, mit kleinen Nägeln nach jedem Dezimeter versehen. Die Zentimeter werden geschätzt, und das ist auch gut so.

Die Messlatten aber, die ich in dieser Redaktion kennengelernt habe, die waren eines, nur nicht „Latte". Die waren immer höher, oft sogar viel höher. Und sie wurden auch nicht senkrecht im freien Feld aufgestellt. Nein! Sie lagen wie festbetoniert auf einer ganz bestimmten Höhe. Da musste man unbedingt drüberkommen, um es überhaupt erst mal in die Sendung zu schaffen.

Es genügte nicht etwa, dass man den Kerl hatte, der's gemacht hat. Sie wollten auch noch das Video, wie's der Kerl gemacht hat. Und natürlich … ich vergaß, bitte alles aktuell für die heutige Sendung. Außerdem sollte der Typ gut reden können und im TV gut rüberkommen, es sei denn, er war ein Übeltäter, dann das genaue Gegenteil dessen. Eine getürkte Live-Schalte sollte ich auch noch abdrehen. Klar geht das manchmal nicht anders, wenn die SNG, der Satellitenübertragungswagen, noch im Stau festhängt. Also Kamera auf Stativ aufbauen lassen und Mikro locker, aber bestimmt in die Hand nehmen, dann fünf Sekunden nach rechts nicken. Da sitzt im virtuellen „Split Screen" der Moderator. Du erscheinst in der Live-Sendung auf der linken Seite. Dann in die Kamera drehen und ganz natürlich berichten, am besten noch mit einer gespielten Aktion, mal zehn, mal 15, am besten auch noch mal 20 Sekunden lang: „Nun, hier sind seitdem die Brötchen fünf Cent teurer geworden. Und um 15:00 Uhr gibt's eine neue Pressekonferenz.“ Ein Wunder, dass ich kein Moderator geworden bin!

Ich meine andere Messlatten, Ihre eigenen, eine für mittelfristige Ziele, eine für kurzfristige Ziele. Langfristige Ziele sind Träume, die nur erlaubt sind, wenn sie die tieferliegenden erreicht haben, und zwar in mehreren Fällen. Bei Träumen wäre ich auch nicht so konkret mit Messlatte zur Hand. Träume müssen flexibel formuliert werden und offene Lösungen beinhalten. Sonst wirst du ja bekloppt!

Wenn Sie zu oft mittelfristige Latten legen, dann vergeht Ihnen schnell mal der Spaß an der Sache. Unterschätzen Sie die Kraft Ihres Gehirns nicht. Das braucht unbedingt viele positive „Abschlüsse“, um es mal wie ein Handelsvertreter auszudrücken. Also lieber mit einem kleinen, aber erreichten Ziel glücklich, als schwanger vor dem Standesamt.

Lob von außen

„Feini, feini hast du das gemacht!“ Braver Hund! Schon wedelt er mit dem Schwanz. Das ist direkt, das ist ehrlich, das ist motivierend für beide Seiten. Ich mache leider immer den Fehler, dass ich auf Lob total unnatürlich reagiere, weil ich es mir eigentlich nicht zugestehen will. Das ist falsch, gehört aber zu meiner Persönlichkeit. Manchmal kriege ich ein überzeugtes „Dankeschöööön“ hingehaucht. Dann muss ich aber locker drauf und sehr geerdet sein. Kurz – ich arbeite noch dran.

Für alle anderen gilt: Nur wer lobt, wird gelobt werden, gehört zu den Gelobten, holt sich sein Lob auch ab. Dabei funktioniert nur realistisches Lob wirklich gut. Nur weil ich heute fünf Kilo mehr stemme, muss Physiotherapeut

Sven nicht gleich 'ne Kerze für mich anzünden. Aber wenn ich selbst zum Beispiel sehe, dass ein Kollege heute in der Gangschule deutlich besser läuft, dann sage ich ihm das auch. Leider nimmt man selbst diese feinen Unterschiede nicht deutlich wahr, weil wir sie im noch feineren Ablauf täglich „mitleben", aber nicht miterleben dürfen.

Wenn Sie also loben, dann bitte immer konkret. Der andere ist eben kein Hund. Da muss schon mehr als „feini, feini" kommen. Einfach nur „nett", das ist die kleine Schwester von „Scheiße". „Ich finde, du hast dich in deiner Rumpfstabilität seit Januar deutlich verbessert", das ist konkret konkret, von mir aus auch krass konkret.

Und zum guten Schluss: Loben Sie nicht für jeden Mist. Sonst nutzt sich Ihr Lob ab.

Sex

Das ist natürlich die beste Motivation. Ihn zu bekommen, sowieso und gewollt zu werden, auf jeden Fall! Sonst hätte ich es bis zu dieser Stelle des Buchs nicht schon zwölf Mal angesprochen. Sex kann auch gesund machen. Denn es ist reine positive Energie. Dr. Liu hat mir mal gesagt: „Der Mensch kann drei Dinge im Leben beeinflussen: Essen, Ausscheiden und Sexualität!" Letzteres braucht aber immer eine genaue Abwägung Ihres Einsatzes, wenn es schon nicht aus Liebe ist. Mehr sag' ich dazu nicht.

Warum positive Energie? Denn eigentlich verbraucht ja Sex nur Energie. Ein 80 Kilo schwerer Mann verbraucht dabei in 15 Minuten runde 100 Kilokalorien, etwas mehr, als ein halbes Snickers-Eis hat. Das verbraucht SIE auch, aber nur wenn sie oben sitzt und ebenfalls 80 Kilo wiegt … ungefähr. Trotzdem ist dieser Kalorien-Verbrauch oder -Gewinn ein wahrer Gewinn.

Sex lässt einen fein abgestimmten Hormon-Cocktail durch den Körper strömen. Der macht das Leben schöner, oft auch nachhaltig. Und er macht uns gesund. Am besten alle paar Tage, das soll am wirksamsten sein. Der Neurotransmitter *Dopamin* stimmt uns euphorisch, der Botenstoff *Adrenalin* macht uns wach und aufmerksam. Ein Dutzend anderer Hormone und Hirn-Botenstoffe ist am Überschwang unserer Gefühle beteiligt. Das Hormon *Vasopressin* erhöht beim Mann die erregende Wirkung des männlichen Sexualhormons *Testosteron*. Bei Frauen steigt dabei der *Oxytocin*-Spiegel. Dieses Hormon bestimmt bei beiden Geschlechtern, wie intensiv der Orgasmus erlebt wird. Wenn das alles stimmt, dann stimmt oft auch die Lockerheit, die das Gehirn braucht, um Großes zu vollbringen.

Regelmäßiger Sex stärkt das Immunsystem. Im „Versuch" wurde entdeckt, dass sich unmittelbar nach dem Orgasmus die Konzentration von sogenannten natürlichen Killerzellen im Blut verdoppelt. Das hat Professor Manfred Schedlowski an der ETH Zürich 2003 in einer Studie festgestellt. Dazu bat der Neuroimmunologe Versuchspersonen, im Dienste der Wissenschaft zu onanieren. „Unmittelbar nach dem Orgasmus war der Spiegel der natürlichen Killerzellen um 150 Prozent erhöht", sagte Schedlowski der BILD am Sonntag (Ausgabe 5.12.2004), eine Situation, die sich nach einer Stunde normalisiert hatte. Killerzellen sind relativ große weiße Blutkörperchen, die Angreifer – etwa virusinfizierte oder von Krebs befallene Körperzellen – erkennen, durchlöchern und schließlich zum Selbstmord („Apoptose") nötigen. „Sex führt zu einer Aktivierung des Immunsystems", erklärte Schedlowski.

Abwehrzellen als Vorsorge können sinnvoll sein. Denn bei jedem Geschlechtsverkehr kommt der Körper mit einer Vielzahl fremder Keime in Kontakt. Aber jetzt mache ich wirklich einen Deckel auf das Thema.

4. Kapitel: Hilfe für Jedermann und Jedefrau

Anfang April 2010 schlage ich in der täglichen Redaktions-Konferenz von SternTV ein Thema vor. Ich trage den Kollegen die Geschichte von Till Raab vor, vom Gelähmten, den ich dazu motivieren konnte, aufzustehen. Bei der Abnahme der fertig produzierten Geschichte kommt von Chefredakteur Andreas Zaik eine Frage, genau zu dem Moment im Film, an dem der 32-Jährige den Entschluss gefasst hat, endlich mit dem Training anzufangen. Das hatte ich in dem Bericht extra vage gehalten, weil ich ja, so dachte ich, in meinem Film schlecht über mich selbst berichten kann. „Sehe ich das richtig“, fragt mich der Chefredakteur, „dass Sie selbst den Mann motiviert haben? Außerdem waren Sie ja auch im Rollstuhl und haben es geschafft. Wenn Sie einverstanden sind, dreht der Kollege Jan Gall einen zweiten Film über Sie.“

Der wurde dann auch Ende April 2010 in SternTV gesendet, alles zusammen gut 25 Minuten lang, was ein ordentlicher Schinken für die Sendung SternTV ist. Im Nachgang haben sich fast 700 Zuschauer bei mir gemeldet. 600 davon sind querschnittgelähmt. Ich habe bis heute allen geantwortet. Weil viele die gleichen Fragen haben, musste ich mich aber neu organisieren. Danke, dass es Facebook gibt! Sonst wäre das Nachfolgende gar nicht möglich gewesen.

So kann ich vieles zusammenfassen und den Überblick behalten.

Aus den vielen Anfragen heraus wurde natürlich eine Frage immer wieder gestellt:

Wie hast du das geschafft?

Anfangs habe ich alles ausführlich beschrieben und mir dafür ein Word-Dokument angelegt. Dann kann ich bei gleichen Fragen einfach die entsprechende Antwort übernehmen. Nach und nach sind dann erste ausformulierte Textteile dieses Buchs entstanden. Und weil immer mehr Betroffene auch mal bei mir privat oder im Büro anriefen, den persönlichen Kontakt suchen, kam mir Mitte 2010 die Idee für das Seminar. Je nach Persönlichkeit, das hatte ich mittlerweile durch die vielen Gespräche herausgefunden, hat jeder andere Gründe, warum er nicht gesund wird oder an den Rollstuhl gefesselt ist. Wenn ich da ansetzen kann, es mir gelingt, diese Menschen im positiven Sinn „zu knacken", sie zu motivieren, dann ist der Rest eigentlich „nur noch" Fleißarbeit.

Klar! Nicht jeder wird wieder laufen können, aber heute weiß ich: Es sind viel mehr, als ich selbst es für möglich gehalten hätte.

Im Oktober 2010 fand das erste Seminar für Kranke und Querschnittgelähmte statt. Bis zu 15 Teilnehmer reisten Samstagmittag an und Sonntag am späten Abend wieder ab.

Das ist meine Einladung, auch an Sie:

Liebe(r) X,
ich werde von Samstag, XX.XX.20XX, 13.00 Uhr bis Sonntag, XX.XX.20XX, 20.00 Uhr ein Seminar geben … an meinem Wohnort Bonn im Hotel Kameha Grand 5, in dem wir Sonderkonditionen bekommen. An den zwei Tagen werde ich berichten, wie ich wieder auf die Beine gekommen bin und wo ich mit der Holubek-Therapie allgemeingültige Ansätze in der Reha sehe.*
Themen:
1. Psyche, Emotionen … wie schließe ich mit der Vergangenheit ab und warum überhaupt?
2. Motivation … woher nehmen?
3. Alles über unsere Problem-Organe … was die Blase nicht spürt, lernen die Nieren nimmermehr!
4. Muskelaufbau … nur wie?
5. Methoden … im Alltag und in der Muckibude!
6. Ernährung … Bier ist kein Brot!
7. Alternativen … alles über TCM, PNF und LMAA (-;
8. Thema XY … Eure Fragen?
Am Sonntag wird im Anschluss an das Seminar ausgiebig die Möglichkeit bestehen, mit mir alleine zu sprechen und Wege zu erarbeiten. Die Plätze sind auf 12-15 beschränkt und werden in der Reihenfolge der Zahlungseingänge reserviert.
Lieber Gruß, Markus Holubek

Natürlich verlange ich ein Honorar dafür. Am Anfang stand aber weniger der Ertrag im Vordergrund. Ich bin bis heute einfach nur begeistert, dass die Holubek-Therapie wirklich funktioniert. Deswegen habe ich zuerst nur 200,- Euro pro Person verlangt, später dann 300,-. Ich will ja so vielen Kranken wie möglich helfen. Jeder weitere persönliche Erfolg macht anderen mehr Mut. In den letzten zehn Monaten habe ich drei Seminare voll bekommen, ohne jegliche Werbung. Und ich denke, dass bis heute alle immer sehr zufrieden waren. Das haben sie mir jedenfalls so gesagt oder an meine Pinnwand in Facebook geschrieben.

Dort ist auch das genaue Konzept der Holubek-Therapie beschrieben. Ich zitiere mich mal selbst:

„Die Holubek-Therapie verbessert das Leben von Kranken vom ersten Tag an. Die Therapie baut auf aktive Mitwirkung und versetzt die Patienten in die Lage, mittels lebensnaher Anwendungen ihre Situation selbst in den Griff zu bekommen. Die Methode bringt den Betroffenen mehr Lebensqualität, mehr Möglichkeiten und führt sie aus der Passivität. Das Gefühl, sein Leben wieder selbst in die Hand zu nehmen, ist einer der wichtigsten Bestandteile der Therapie und die Basis für den Erfolg. Die Holubek-Therapie dient weniger dazu, Prognosen über den Krankheitsverlauf zu stellen. Die Ansätze der Therapie helfen zwar sogar motorisch komplett Gelähmten, das Laufen wieder zu erlernen. Ein derartiger Erfolg bei so schwer Verletzten ist aber nicht vorhersehbar und kann daher nicht das vorrangige Ziel der Therapie sein. Bei inkomplett Gelähmten sind die Aussichten auf derartige Erfolge bereits besser.

Die Therapie liefert Werkzeuge, um geringere Ziele zu erreichen, um schließlich größere Ziele verwirklichen zu können. Es geht bei allen Maßnahmen der Holubek-Therapie um die selbstgesteuerte Verbesserung der Gesundheit. Markus Holubek hat die Therapie aus seinen eigenen Erfahrungen heraus entwickelt. Seit einem Skiunfall inkomplett querschnittgelähmt, lebt er heute ohne Rollstuhl und große Einschränkungen."

Fünf schöne Erfolgsgeschichten

Die Erfolgsgeschichte von Till Raab

Als ich Till Raab im Sommer 2009 auf Ibiza kennengelernt habe, war der Mann zwei Jahre auf dem Fleck gerollt, still gestanden, nur im Rollstuhl unterwegs und ohne Perspektive. Er war Juni 2007 bei seiner Arbeit als Zimmermann mit dem Kopf vornüber ins Dach gefallen. Dabei hatte er sich Brustwirbel sieben und acht zertrümmert, war inkomplett querschnittgelähmt. Die Ärzte hatten ihn auf Rollstuhl mobilisiert. Aber als er da so an der Rezeption des Garbi-Hotels an der Playa den Bossa vorbeirollte, hat mich nur eine Frage interessiert: Was ist dem wohl passiert? Wann ich ihn ansprechen würde, war nur eine Frage der Zeit. Denn er konnte mit seinem rechten Bein wackeln. Das hatte ich beobachtet.

Am Pool ist es dann passiert.

„Hey du, was hast du?“, fragte ich den Mann aus Tauberfranken.

„Und du?“, wollte er wissen.

„ Ja, auch. Aber ich gehe.“

Er: „Waaaaaas? Und warum läufst du wieder?“

„Weil ich trainiere.“

Der gute Till hatte sich mit zwei Mal Reha in der Woche abgefunden und dann eher die Abteilung Wellness-Medizin frequentiert. Da wurden Schmerzen gerne vermieden. Kaum echtes Training gehörte dazu, ein bisschen Massage, Übungen im Liegen, Vojta-Therapie, mit der er Bewegungen übte, die ihn im Alltag als Rollstuhlfahrer weiterbringen sollten. Kurz: Till absolvierte das volle Alibi-Programm, das die Kassen gerne zahlen und das keinem so richtig weiterbringt. Ich habe Till später noch oft gefragt, warum er nicht vorher schon drauf gekommen sei, dass er so keinen Meter mehr ohne Rollen vorwärts kommen würde. Die Antwort war immer vage, genauso wie die Ermutigungen seiner Mediziner und Therapeuten. Und damit kommen wir wieder zu der Kernfrage: „Hey, Doc! Was wird aus mir?" Till Raab hätte es verdient, die ganze Bandbreite der Möglichkeiten aufgefächert zu bekommen. Denn da hätte eindeutig auch dazugehört: Du wirst wieder laufen können.

Das habe ich ihm dann zwei Jahre nach seinem Unfall gesagt, so rein aus dem Bauch heraus und mit einer gehörigen Portion Zweifel. So etwas sagt man einem inkomplett Querschnittgelähmten nicht so leicht. Nur ich durfte das, denn ich wusste, wovon ich sprach. Und nur mir hat Till Raab abgenommen, dass er verdammt nochmal in die „Pötte" kommen musste, wollte er nicht irgendwann als übergewichtiger Querschnitt im Rolli und wohlmöglich noch an der Dialyse enden. Denn das war 2009 definitiv seine mögliche Option im Vorruhestand. Dabei war der gelernte Zimmermann damals gerade mal 30 Jahre alt.

Till Raab hat nach dem Ibiza-Urlaub einen Monat gebraucht, um sich zu neu organisieren und zu motivieren. Nach zwei Monaten stand er das erste Mal seit seinem Unfall wieder richtig im Saft. Endlich hatte er mit Muskelaufbau begonnen, und der ist schweißtreibend. Ich hatte ihm Trainingstipps an die Hand gegeben. Er sollte zuerst seinen Rumpf genügend kräftigen, bevor er mit dem eigentlichen Gehtraining loslegen konnte. Außerdem verschrieb sich Till Raab eigenhändig „Trainingslager" in einer Klinik für Leistungssportler. Er hat das am Anfang selbst gezahlt. Aber die Berufsgenossenschaft hat ihm schnell die Kostenübernahme zugesagt, auch weil seine Erfolge immer deutlicher wurden. Nach sechs Monaten konnte Till bereits mit Rollator 100 Meter GEHEN!

Zehn Monate später waren es schon 300 Meter, 12 Monate später schon 600. Dafür hat er jeden Tag trainiert, am Anfang eineinhalb Stunden, später vier Stunden täglich. Alle drei Monate Trainingslager in einer Reha-Klinik ... der Onkel seiner Freundin Heidi ist Therapeut des Deutschen Skiverbandes. Dort werden viele deutsche Olympiasieger betreut und therapiert, unter anderem Maria Riesch die 2010 Doppelgold in Vancouver gewann.

Till Raab war auch für die Experten des Osteo-Zentrums Schliersee therapeutisches Neuland. Einen inkompletten Querschnitt zu behandeln, ist natürlich etwas ganz anderes, als den Außenbandriss eines Hochleistungssportlers. Till Raab trainierte neben Slalom-Ass Felix Neureuther, der zu der Zeit auch behandelt wurde. Ihre Motivation hat beide verbunden, nämlich 100 Prozent zu geben für ihr Ziel. Und wenn ich jetzt gefragt würde, was schwieriger ist, als Gelähmter wieder laufen zu lernen oder als Sportler auf dem Treppchen zu landen – ich müsste die Antwort schuldig bleiben. Denn der Aufwand erscheint mir ähnlich.

Schließlich schaffte Till Raab 600 Meter am Stück, auch ohne sein linkes Bein, das mit Orthese fixiert wurde. Durch Kompensation aus dem Oberkörper heraus gelang ihm diese Leistung, auch wenn sein linkes Bein immer noch komplett gelähmt war. Das Till Raab nach 14 Monaten Training über Nacht auch das linke Bein plötzlich bewegen konnte, war kein Mirakel. Aber es hätte gut missdeutet werden können: „Wunder! Gelähmter kann wieder gehen!“ Das verdankt er neben seinem Training einer neuen Technik, die mein leukämiekranker Vater ausgegraben hat.

Papa Reinhard Holubek war es, der mir den Artikel über Prof. Marc Possover und die neue Schrittmacher-Technik gegeben hat. „Lies mal. Klingt interessant." Das war eine sagenhafte Untertreibung, deren sich mein Vater damals noch nicht bewusst war. Was ich in dem Artikel las, klang so unglaublich, wie die Erfindung des Handys zu Zeiten, als alle noch mit Wählscheibe telefonierten. Da baut ein Professor in Zürich Querschnittgelähmten Schrittmacher in die Hüfte ein, die ihnen die Organkontrolle wiedergeben und per Stromimpuls sogar die Muskeln reizen können!

Dass ich Prof. Possover treffen würde, war sofort klar … zusammen mit meinem Freund Till Raab, dem Zimmermann, der mit dem Kopf voran ins Dach gefallen war. Ich erhoffte mir, dass er so per Techno-Doping noch besser trainieren könnte und gesünder würde. Till Raab reiste aus seinem „Trainingslager" in Schliersee an und fuhr nach vier Stunden Reha gen Zürich zum ersten Gespräch mit dem Chirurgen. Ich reiste mit dem Zug aus Bonn an. Till holte mich vom Zürcher Hauptbahnhof ab, um mit mir dann erst mal eineinhalb Stunden im Stau zu stehen. In Züri brannte an dem Tag der Böögg, ein Brauch, der den Winter vertreiben soll. Ständig hatten wir Angst, den Termin zu verpassen. Die Bürochefin machte am Telefon auch schon Druck. Denn normalerweise wartet ein vielbeschäftigter Professor nicht stundenlang auf mögliche Patienten. So kann Fortschritt auch am Brauchtum scheitern. Wir kamen letztendlich eineinhalb Stunden zu spät, geblieben sind wir dann geschlagene vier. Ich habe noch nie so lange mit einem Arzt sprechen können und erst recht nicht an einem offiziellen „schwiizer" Feiertag. Aber Professor Possover hatte sich extra so viel Zeit genommen. Denn Till Raab war ein äußerst interessanter Fall für ihn, der erste inkomplette QS, dem er seine Technik einbauen würde. Am Abend stand für uns fest: Wir bekommen Schrittmacher in die Hüfte, erst Till, und dann ich, sobald mir die Krankenkasse ihre Kostenzusage gibt.

Prof. Possover hatte bis dahin 30 kompletten Para- und Tetraplegikern herkömmliche Herzschrittmacher in die Hüfte eingesetzt und an ihnen dünne Kabel mit Elektroden befestigt, die die wichtigsten Nerven in der Hüfte reizen. Alle komplett Gelähmten hatten danach Blase und Darm wieder unter Kontrolle, waren nicht mehr inkontinent. Der Schrittmacher schickt den Schließmuskeln Strom. Der Mensch ist dicht. Per externer Fernsteuerung kann sich der Kranke entleeren, indem er das Gerät ausstellt. Er braucht keine Medikamente mehr, keine Katheter. Die Nieren bleiben gesund. Dem Patienten droht nicht der frühe Tod durch Nierenversagen. Außerdem baut der Strom wieder Muskeln im Gesäß auf. Die Gefahr entfällt, sich durch das lange Sitzen im Rollstuhl am Po offene Stellen zu holen. Denn wenn das Gewebe nicht mehr durchblutet wird, dann stirbt es ab und fängt an zu faulen. Schauspieler Christopher Reeve ist genau daran gestorben.

Allerdings hat der Schrittmacher des Professors noch ein paar andere erwünschte Nebenwirkungen. Das Teil ist ein wahrer Schrittmacher und hat diesen Namen in dem Zusammenhang auch verdient: Es reizt die für das Gehen wichtigen Muskeln. Es gibt Strom in vorprogrammierten Stufen ab und lässt Gelähmte gehen, wenn auch nur ferngesteuert. Denn das Gehirn kann den Schrittmacher ja nicht per Gedankenübertragung ausschalten. Das geht bei komplett Querschnittgelähmten leider nicht, weil bei ihnen das Rückenmark zu 100 Prozent durchtrennt ist. Sie erinnern sich – bei mir war das nur zu 95 Prozent der Fall und tief, im ersten Lendenwirbel direkt unterhalb der Rippenbögen. Bei Till Raab haben die Ärzte das nicht so genau untersuchen können wie bei mir. Er wurde auf jeden Fall im siebten und achten Brustwirbel schwer verletzt, also fünf Wirbel höher als ich, in etwa zwischen Bauchnabel und Brustwarzen. Aber auch Till Raab war inkomplett. Und im Gegensatz zu vielen kompletten Querschnitten konnte er seine Beine spüren, auch wenn er das linke nicht bewegen konnte. Aber wenn der Schrittmacher sein Bein bewegen würde, dann wäre das Gehirn aktiv am Prozess beteiligt. Till Raab würde nicht ferngesteuert gehen. Das war nach unserem Gespräch dem Professor, mir und auch Till Raab klar. Und trotzdem war es nicht mehr als eine Hoffnung. Denn in der Praxis hatte das bis dahin nur im Tierversuch funktioniert.

Im Juni 2010 hat sich Till Raab als erster inkompletter Querschnitt auf der Welt einen Schrittmacher in die Hüfte einbauen lassen, vorerst auf eigene Kosten, so rund 68.000,- Euro teuer. Ich war bei der Operation dabei. Von gut zwei Dutzend Operationen war das die interessanteste, die ich je fürs deutsche Fernsehen gedreht habe. Prof. Marc Possover hat Gynäkologie und Herzkranzgefäß-Chirurgie gelernt. Er gehört zu den Besten weltweit, die laparoskopisch operieren können. Der gebürtige Elsässer praktizierte jahrelang in Köln. Doch weil er kein Urologe ist, hat ihm sein damaliger Arbeitgeber in etwa gesagt: Arbeiten Sie an Eierstöcken und nicht an den Nerven, die dahinter liegen. Daraufhin ging der Pionier-Arzt in die Schweiz und fing dort an, Patienten per Laparoskopie Schrittmacher einzubauen. Dabei dringt er minimalinvasiv über vier kleine Schnitte im Bauchraum bis tief an das Becken vor. Ein Kollege unterstützt ihn dabei. Denn alles wird von einer HD-Kamera mit zehnfacher Vergrößerung im Körper gefilmt. Prof. Possover arbeitet mit Spezialwerkzeug, wie ein Gamer an der Spiele-Konsole. Augen hat er nur für den Bildschirm. Vorteil: Durch die dünnen Geräte werden nur wenige Gefäße im Bauchraum verletzt. Kleine Blutungen werden direkt im Körper verödet. Auf der Welt kann das im Moment er allein so perfekt. Die Ausbildung anderer Ärzte hat aber bereits begonnen.

Seine bahnbrechende Methode hat der 48-Jährige erst jetzt bekannt gemacht. Er musste vorher sicher sein, dass alles einwandfrei funktioniert, und er sich nicht angreifbar macht. Seine neue Fachmedizin hat er Neuropelveologie genannt, von Neuron: der Nerv, Pelvis: das kleine Becken, also die Wissenschaft von den Nerven im kleinen Becken.

Till Raab war für Prof. Marc Possover deswegen so interessant, weil er bis dahin nicht sagen konnte, ob es auch in diesem Fall funktionieren würde. Komplette Querschnitte spüren ja unterhalb des Bruchs gar nichts mehr und damit auch nicht den Strom. Wie hoch Prof. Marc Possover den nötigen Strom bei inkomplett Gelähmten einstellen kann, das konnte bis dahin noch nicht untersucht werden. Dafür hatte er jetzt Till Raab, um eben das auszuprobieren. Später, im stillen Kämmerlein, hat mir der Professor verraten, dass er selten so aufgeregt war wie bei Tills OP.

Doch alles ist gut gegangen. Blase und Organe wurden kontrollierbar. Und kaum drei Monate später konnte Till Raab sein bis dahin völlig gelähmtes linkes Bein anheben, sogar wenn der Schrittmacher ausgestellt war. Der Strom hatte die Nervenleitungen „durchgeblasen". Wie das Training hatte er die Nerven zu neuem Wachstum angeregt, nur viel schneller, als wir das erwartet hatten. Bisher war das nur im Tierversuch bewiesen worden. Nerven können bis zu einen Zentimeter wachsen, wenn sie entsprechend gereizt werden.

Till Raab wird bald noch weiter gehen können – besser, als er und ich das zu Beginn seiner Wiederauferstehung zu träumen gewagt hätten. Es gibt mittlerweile bereits Tage, an denen er komplett zu Fuß auf den Beinen ist, von Bettkante zu Bettkante sozusagen. Und Ende 2011 war er sogar wieder im Fußballstadion mit mir – ohne Rollstuhl!

Anfangs war sein erklärtes Ziel, nicht mehr zu 100 Prozent auf den Rollstuhl angewiesen zu sein. Dafür hat der Zimmermann jeden Tag hart an sich gearbeitet, auch wenn der genaue Ausgang lange nicht klar war. Dabei hat er versucht, so wenig wie möglich von der Zukunft zu träumen. Denn die war eh unsicher und nicht so voraussagbar. Aber Till Raab war offen, immer wieder Neues auszuprobieren. Und wenn etwas mal nicht direkt funktioniert hat, dann war er bereit, über Monate hinweg geduldig weiterzuarbeiten, ohne dass ihn Angst und Müdigkeit lähmen konnten. Das alles ist kein Wunder, das ist System und natürlich reine Kopfsache. Wer so an seine Krankheit herangeht, der macht das Glück kontrollierbar.

Nadine S. – „Powered by Holubek-Therapie"

Ich habe das Mädchen bei meinem ersten Seminar im Oktober 2010 kennengelernt. Nadine S., damals 20 Jahre alt, bildhübsch und vollkommen verloren. Mit 16 ist die Frankfurterin betrunken von einer Brücke gefallen. Mit 18 legte sie sich auf die Bahnschienen, Selbstmordversuch. Ein Hilferuf. Nach dem Unfall hatte ihr Hausarzt den verheerenden Satz von sich gegeben: „Nadine! Wenn du keine Po-Muskeln aufbauen kannst, wirst du ein Leben lang im Rollstuhl sitzen müssen." Dann wurde ihr zwei Mal Reha die Woche verschrieben. Da hat sie dann nur an einem Gerät Beine und Gesäß trainiert und schon nach kurzer Zeit realisiert, dass sie so höchstens„Miss Sympathisch" bei den Paralympics werden könnte.

Ihr Vater hatte sie auch längst aufgegeben. Für ihn war seine Tochter einfach nur zu faul. Motivieren konnte er sie nicht. Das habe ich übrigens schon bei vielen Eltern erlebt. Die haben es mitunter viel schwerer als neutrale Außenstehende. Gegen den Willen des Vaters reist Nadine mit ihrer Mutter zu mir nach Bonn. Als ich sie da in ihrem Rolli hocken sehe, toter Blick, leise Stimme, jedes ihrer Worte gezählt, da bekomme selbst ich Mitleid. (Ich habe ja schon beschrieben, warum ich Mitleid in der Therapie für problematisch halte.) Doch das verschwindet schnell wieder, als Nadine von ihrer Verletzungshöhe berichtet. Von allen zwölf Seminarteilnehmern, mich eingeschlossen, ist sie die am „leichtesten" Verletzte. Der Bruch geht durch den zweiten und dritten Lendenwirbel. Sie kann sogar allein auf die Toilette gehen, kann ohne lästige Einlagen leben.

Ich habe dann nach dem ersten Seminartag bis 3.00 Uhr am Morgen auf sie eingeredet, damit sie endlich richtig und täglich trainieren würde. Am Ende des zweiten Tages habe ich ihr vor allen anderen versprochen: „Wenn du jetzt ein Mal die Woche zu mir nach Bonn kommst und dich die restlichen Tage an meine Trainingspläne hältst, dann bringe ich dich innerhalb von drei Monaten auf die Beine." Sie willigt ein. Schon ein paar Tage später ist sie wieder da. Als erstes kaufen wir zusammen Wanderstiefel, die ihre Sprunggelenke absichern sollen. Die Gefahr, umzuknicken ist am Anfang sehr groß. Und siehe da ... schon nach drei Wochen kann Nadine an Krücken das erste Drittel der Steigung am Drachenfels bewältigen, immerhin ein 20-prozentiger Anstieg mit knapp 100 Metern Höhendifferenz.

Von da an geht die junge Frau fast jedes Wochenende in die Disco, holt ihre Teenie-Zeit nach, tanzt mit ihren Freunden die ganze Nacht, in flachen Ballerinas, die schick aussehen und schlecht schützen. Nach sechs Wochen passiert das, was ich vorausgesehen habe: Sie knickt um, dehnt sich alle Außenbänder am linken Fuß. An Gehtraining ist einen Monat lang nicht zu denken. Dann kommt noch eine fiebrige Erkältung dazu, und Nadine geht auf LOS zurück, ist also gesundheitlich wieder da, wo ich sie beim Seminar abgeholt habe, bei null. Ich habe ihr unschöne Tiernamen gegeben, sie in Gedanken übel beleidigt, ich habe geflucht und gefürchtet ... alles umsonst. Sie hat dann ganz von alleine ihr Disco-Training wieder aufgenommen, geht bis heute regelmäßig ins Fitnessstudio. Nadine ist Fußgängerin. Und dass sie, nachdem ihr ein Arzt Teile der Jugend unmöglich geredet hat, das Bedürfnis hat, die Jahre zwischen ihrem 16. und 20. Lebensjahr nachzuholen, das verstehe ich gut. Heute kann sich Nadine vor Verehrern kaum retten. Sie will jetzt eine Ausbildung anfangen. Und wenn sie im Beruf steht, dann werde ich mit einiger Berechtigung anfragen, ob sie sich nicht ein „Powered by Holubek-Therapie" auf den Oberschenkel tätowieren lassen möchte.

Ein Kamel in Ägypten und Ulrike K.

Auf dem Weg zum Kamelreiten ist es passiert. Urlaub in Ägypten, November 2009: Zusammen mit sieben anderen Touristen sitzt sie hinten auf der geschlossenen Ladefläche eines Jeeps, seitliche Sitzposition, das Wagenfenster in Nackenhöhe. Dieses typische Transportmittel Afrikas hat schon Millionen Touristen über die Steppen und durch die Wüsten des roten Kontinents gefahren und einige von ihnen auch schon umgebracht. Denn die Fahrer düsen schneller über den Sand, als das für die Stoßdämpfer ihrer Gefährte vorgesehen ist. An einer Düne überschlägt sich der Jeep zweieinhalb Mal. Fast alle Passagiere werden in den Sand geschleudert, nur leicht verletzt. Ulrikes Kopf verheddert sich im Rahmen des Wagenfensters. Sie bleibt schwer verletzt im zerstörten Wagen liegen. Dass es etwas Schlimmeres ist, merkt sie sofort. Denn ihre Beine kann sie nicht mehr bewegen. Die Arme kribbeln schon. Der Rest des Körpers unterhalb des Halses ist nur noch eingeschränkt beweglich.

Sie hat sich beim Unfall den siebten Halswirbel gebrochen. Dazu kommt ein schlimmer Bluterguss im Hals. Durch das zerstörte Knochengewebe sickert Blut in die Wirbelsäule. Langsam, aber stetig steigt der Druck auf die Nervenstränge darin. Drei Stunden liegt sie so in der Wüste da, wartet auf einen Krankenwagen. Ulrike muss fürchterliche Schmerzen gehabt haben. Wer nimmt schon Morphium zum Kamelreiten mit. Endlich dann der Transport nach Sharm El Sheikh: Der Unfall war morgens. Als sie ins Krankenhaus eingeliefert wird, ist es tiefe Nacht. In dem kleinen Ort auf der Sinai-Halbinsel am Roten Meer gibt es nicht die nötigen Untersuchungsmöglichkeiten. Im Privatjet des ägyptischen Gesundheitsministers fliegt sie nach Kairo ins beste Militärspital des Landes. Auch in Ägypten funktioniert das System – manchmal ganz anders, aber öfter unkomplizierter als bei uns. Zwei Tage nach dem Unfall wird sie schließlich operiert. Aber ihr Zustand verschlechtert sich von Tag zu Tag. Durch die lebenswichtige Operation hat sich der Bluterguss im Hals verschlimmert. Ihre Arme werden immer unbeweglicher. Ihr Gesamtzustand verschlechtert sich zunehmend.

Erst nach zwei Wochen wird sie ausgeflogen. Das Hin und Her mit den beteiligten Organisationen, mit ihrer Familie in Deutschland, hat lange gedauert. Dann fliegt sie der ADAC zurück in die Schweiz. Da lebt und arbeitet die deutsche Köchin. Sie kommt nach Nottwil, die im Moment wohl beste Klinik für Querschnittverletzte im deutschsprachigen Raum. Hier hat auch „Wetten, dass"-Opfer Samuel Koch ab 2010 seine Reha gemacht.

Leider hat sich Ulrike K. aber einen Dekubitus geholt. Sie wurde in Ägypten nicht richtig gelagert, hat diese Gefahr auch selbst noch nicht gekannt. Die offene Druckstelle am unteren Rücken isoliert sie für Wochen auf Station: Infektionsgefahr. Sie kann nur liegen, sonst gar nichts machen. Erst nach eineinhalb Monaten beginnt sie endlich mit der Reha. Sechs Monate bleibt sie in Nottwil. Anfangs wird sie dort als inkomplette Tetraplegikerin eingestuft: gelähmt ab dem Bruch in alle vier Richtungen, den Armen und Beinen. Sie ist zu fast 100 Prozent auf fremde Hilfe angewiesen. Später „stuft" sie die Klinik als inkomplette Paraplegikerin ein, ab Bruch gelähmt in eine Richtung. Laufen kann sie damit aber immer noch nicht. Und das traut ihr dort auch keiner zu, selbst als sich Ulrikes Arme fast wieder erholt haben. Nach sechs Monaten wird sie entlassen, mit allen Adressen, die eine Rollstuhlfahrerin braucht, um da draußen auf Rollen überleben zu können.

Von da an macht sie in Nottwil ihre Reha ambulant. Aber sie ist nicht zufrieden, ist überzeugt, dass da noch viel mehr geht. Und sie will auch unbedingt wieder arbeiten. Ihr alter Chef steht voll hinter ihr und stellt sie wieder ein. Im ersten Jahr arbeitet Ulrike K. auf einer 30-Prozent-Stelle, in einem Spezialrollstuhl, der hoch- und runterzufahren ist wie ein Gabelstapler, nur das da keine Euro-Palette, sondern sie selbst bewegt wird.

Im April 2010 sieht Ulrike K. dann meinen Bericht in Stern TV. Sie zieht um, fängt in einem neuen Hotel an zu arbeiten, diesmal auf einer 40-Prozent-Stelle. Nebenbei beginnt sie eine Weiterbildung zur Ernährungsberaterin. Mittlerweile haben wir Kontakt über Facebook. Wir telefonieren. Sie erzählt mir, dass sie mit ihrem Training in Nottwil unzufrieden ist. Ich sage ihr, was sie anders, was sie neu, was sie mehr machen muss. Bis August 2010 hat sie daraufhin ihr Training komplett umgestellt, geht jeden Tag nach der Arbeit unter anderem ins Fitnessstudio oder zum Schwimmen, das alles natürlich zusätzlich zu ihrer Physio in Nottwil.

Ein halbes Jahr später schickt mir Ulrike die ersten Videos von ihren Gehversuchen am Rollator. Das, was sie da an ihrer Pinnwand in Facebook postet, macht begründete Hoffnung. Auch wir sehen uns das erste Mal bei meinem Seminar. Und schon kurze Zeit später weiß ich, dass die Köchin mein vierter Strich „am Cockpit“ sein wird – jeder Strich ein weiterer Fußgänger.

Denn am Anfang der Holubek-Therapie konnte sie maximal fünf Schritte am Barren laufen, das einhergehend mit Kreislaufproblemen und mehr mit Arm-Kraft als mit allem anderen. Ein Jahr später schafft sie bereits 50 Meter am Rollator. Die Qualität des Gangbildes hat sich ebenfalls deutlich verbessert. Ihre Rückenmuskulatur fehlte vorher komplett. Im August 2011 kann sie bereits kurze Zeit frei und gerade sitzen, zusätzlich dazu noch ihre Arme in jede Richtung bewegen. Auch Ulrike K. hofft jetzt auf die Schrittmacher-OP, die Till Raab so sehr geholfen hat.

Martin W. und der Unfall im getunten Golf VR6 Turbo

Oje, der Martin – ein klassisches Beispiel dafür, wie ein Mann an seinen Träumen auch scheitern könnte. Ich kenne das. Ich kenne mich. Und deswegen kenne ich Martin W., den heute 26-jährigen Auto-Tuner aus Hamburg. Martin W. ist ein Romantiker, einer, der sich immer wieder verliebt, einer, der sein Leben lang auf der Suche ist nach dem einen Partner, der ihn von ganzem Herzen liebt und das auch zeigen kann. Problem dabei: Die Partner, die er findet, wissen zum Teil gar nichts mit den intensiven Gefühlen anzufangen. Und wenn Martin das dann auch realisiert, ist er todunglücklich und stellt die Universalfrage: Was soll der Quatsch?

Wir telefonieren oft. Wenn es ihm gut geht, genügen Minuten. Wenn es ihm schlecht geht, reicht manchmal eine Stunde nicht. Dann bläue ich ihm immer wieder ein: Wenn Du jetzt nicht das Mausen lässt, wirst du lange nicht gesund.

Martin W. ist im Oktober 2009 mit dem Auto verunglückt. Er hatte gerade seinen Golf VR6 Turbo getunt und wollte ihn jetzt verkaufen. Probefahrt auf der Landstraße: Ein Motorradfahrer überholt, schneidet dabei den Golf und bremst ihn aus. Martin W. muss voll in die Eisen steigen. Dabei verliert er die Kontrolle und schleudert in den

Straßengraben, sein Golf rückwärts gegen einen Baum. Er fliegt aus dem Fenster und knallt mit voller Wucht ins harte Holz der Pappel. Dabei zerschmettert er seinen ersten Lendenwirbel, seinen Schädel gleich neun Mal. Außerdem brechen zahlreiche Rippen, die Arme, er hat einen Pneumothorax, kurz: Den jungen Tuner und Weiberhelden hat es komplett zerlegt. 17 Tage liegt er im Koma. Als er aufwacht, haben die Ärzte seinen ganzen Körper eingegipst, verbunden, verdrahtet. Zwei Monate wird Martin künstlich ernährt, denn Metalldrähte halten seinen Kiefer jetzt zusammen. Dazu kommt eine Lähmung vom Schambein abwärts. In dieser Zeit verliert der junge Mann alle Muskeln von der Hüfte abwärts und damit auch viel Lebensmut. Noch dazu zieht sich der Prozess gegen den Unfallverursacher in die Länge. Das Geld ist knapp. Er liegt in seinem Krankenhausbett wie das sprichwörtliche Häufchen Elend, das zu krank ist zum Leben und zu gesund, um den Löffel endgültig abzugeben.

Hinzukommt sein Ärger über die schlechte Versorgung in der Rehaklinik. Er weigert sich von Anfang an, die Tabletten zu schlucken, weil sie ihn kraftlos machen. Er fordert viel mehr Maßnahmen vom Pflegepersonal. Er nervt Weiß- und Grünkittel, eigentlich alle im Krankenhaus, hat innerhalb kürzester Zeit ein Maximum an Kräften gegen sich vereint. Am Ende sollte er aber in vielem Recht behalten.

Dann ruft mich seine Schwester an, einen Abend vor meinem ersten Seminar Anfang Oktober 2010. Sie hätten einen starken Willen, aber kein Geld, auch nicht fürs Hotel. *Pro Bono* nennen Anwälte das, wenn sie Fälle aus reiner Nächstenliebe übernehmen. Ich reserviere für solche Fälle immer zwei Plätze, auch damit mir später keiner vorhalten kann, ich machte das alles nur für den schnöden Mammon. Und davon mal abgesehen: Ich weiß, alles Gute fällt im Leben auf dich zurück. Und sei es nur dadurch, dass dir das ein gutes Gefühl gibt und daraus neue Kraft in dir entsteht. Ich muss mir also keine Sorgen mehr machen, wenn ich abends mal vor lauter Müdigkeit das Beten vergessen habe.

Till Raab, mein „erster Patient", hat Bruder und Schwester W. sein Hotelzimmer zur Verfügung gestellt. Tolle Menschen ziehen tolle Menschen an. Ich bin froh, heute mit allen hier Genannten Freunde fürs Leben gefunden zu haben.

Als ich Martin W. das erste Mal in unserer Seminarrunde sprechen höre, weiß ich schnell, dass dieser arme Kerl von derselben Insel kommt wie ich, der Insel der Querköpfe und Melancholiker. Da spricht mir einer aus der Seele, auch wenn er aus dem ehrlichen Handwerk kommt und ich aus dem Boulevardjournalismus.

Ich weiß direkt: Wenn ich einem von den Seminarteilnehmern Hoffnung machen kann, dann ist er das. Martin W., ein sympathischer Kerl, laut, ehrgeizig und unbequem – was für eine blendende Chance auf einen weiteren Strich am Cockpit.

Martin hat mich bis heute ein paar Mal in Bonn besucht. Beim Seminar war er auch schon zwei Mal dabei. Im Juli 2011 stellte er sein Video mit den ersten Schritten ins Internet. Sein Weg wird länger sein als bei mir, auch wenn er in der gleichen Höhe verletzt wurde. Nach anfänglich so vielen Wochen fast regungslosen Liegens im Bett hatte er fast alle Muskeln in den Beinen verloren. Da dauert der Aufbau natürlich um einiges länger. Aber, und das ist die Hauptsache, wenn er gesund bleibt, wird er es schaffen. Da bin ich mir sicher. Denn ich ziehe meinen Hut vor Martin W. Er geht auch meinen Weg und ist dabei knapp halb so alt wie ich, vor allem jünger an Erfahrungen. Was nicht heißt, dass ich den Hut bei allen anderen auf dem Kopf behalte. Jeder verdient Respekt, der tapfer gegen seine Krankheit ankämpft.

Abwärts, das Achterbahnleben von Heinz-Jürgen L.

Heinz-Jürgen L. lebte zwischen Geister- und Achterbahnen, ledig. Schausteller war sein Beruf. Dann rutschte er auf der nassen Treppe seines Wohnwagens aus. Fünf Stufen fiel er abwärts. Nicht viel für das, was danach kommen sollte, aber ein schlimmer Haushaltsunfall war es allemal, damals vor 17 Jahren. Erst hieß es, es sei „nur" ein Bandscheibenvorfall gewesen, zwischen S1 und L5, da wo die meisten ihn bekommen, direkt am Wirbel über dem Schlüsselbein. Der Vorfall strahlt ins linke Bein aus. Die Ärzte geben ihm Cortison. Es wirkt entzündungshemmend und wird nur als Sofortmaßnahme gegeben, denn heilen kann das Hormon-Produkt nicht.

Im feuchten, kühlen Herbst 2005 verschlechtert sich der Zustand von Heinz-Jürgen L.. Der 39-Jährige kommt immer mühsamer vorwärts. Jetzt streikt auch das rechte Bein. Und wieder rutscht der Schausteller aus. Diesmal passiert es beim Balancieren auf einem gefällten Baum. Danach ist sein rechtes Bein drei bis vier Zentimeter kürzer.

Es sind immer Fragmente seines Lebens, die mir der total sympathische Mann mit dem Ruhrpott-Akzent wiedergibt. Der Wittener ist kein Mann, der aufbauscht, dramatisiert, gerne über Schmerzen spricht. Aber ich kann mir gut vorstellen, was der Kollege durchgemacht hat.

Ein Jahr später, November 2006: Beim Aufstehen am Morgen schießt ein abartiger Schmerz durch seinen ganzen Rücken. Er nimmt ihm die Luft, so als hätte ihm jemand mit voller Wucht auf den Solarplexus geschlagen. Physiotherapie folgt. Er ist immer wieder arbeitsunfähig. Bei einer Massage des oberen Rückens stellt sich heraus, dass sein rechtes Bein darauf reagiert. Im Magnetresonanztomografen (MRT) sieht alles nach einem Tumor aus. Ist es aber nicht! Nach einer Gewebeentnahme steht fest: Es ist alles gesundes, körpereigenes Gewebe. Mittel dagegen: Cortison und Schmerztabletten.

Innerhalb der nächsten sechs Monate verschlechtert sich Heinz-Jürgen Ls. Zustand frappierend. Er kommt nur noch mit Unterarmgehstützen vorwärts. Seine Narbe ist nach der Gewebeuntersuchung dick geschwollen. Eigentlich sollte nur mikroinvasiv operiert werden. Danach sieht es aber nicht aus. Seitdem trägt er eine zwölf Zentimeter lange Narbe unter dem Nacken. Bis heute will keiner der Professoren an der Klinik erklären können, was da passiert ist. Und auch der 39-Jährige konnte mir bis heute keine genauen Angaben machen. Vielleicht will er seine Ärzte schützen, vielleicht auch sich. Vielleicht ist es auch vollkommen egal. Denn ich habe Heinz-Jürgen L. im Rollstuhl kennengelernt. Das ist Ärger, der reicht allein für den Rest des Lebens.

Im Mai 2007 schleppte sich der Mann aber noch an Krücken zum Arzt. Ein Professor kennt sich wirklich aus. Nach der Durchleuchtung im Computer-Tomografen stellt er fest, dass ein Nervenstrang aus dem oberen Rückenmark an Teilen der unteren Dura, der Hirnhaut, festhängt. So etwas wurde auf der Welt keine 100 Mal diagnostiziert. Das ist wie Teig, der zwischen den Fingern der Faust herausquillt.

Er lässt sich operieren. Es war damals schon klar, dass danach der Rollstuhl am Bett stehen würde. Stationäre

Reha in Hattingen folgt. Immer wieder hört der Rollstuhlfahrer: Was nach sechs Monaten nicht wiederkommt, bleibt für immer weg. Ein verbotener Satz, denn er ist gelogen! Ende des Jahres verlässt er die Klinik als inkompletter Querschnitt ab dem fünften, sechsten Brustwirbel. Sein Arzt damals wörtlich: „Zu 90 Prozent wird das nix mehr." Heinz-Jürgens Mutter hat das auch gehört. Nach den Worten des behandelnden Mediziners bricht sie zusammen.

Ab Mai 2008 beschränkt sich Heinz-Jürgen Ls. Reha auf drei Wochen im Jahr. Er fängt an, Rollstuhl-Basketball zu spielen. Sein Zustand verbessert sich aber kaum.

Zwei Jahre später empfiehlt ihm ein anderer Betroffener meine Therapie. Nach meinem Seminar im März 2011 stellt der 39-Jährige seine Ernährung um, setzt seine Medikamente ab, schöpft Hoffnung und Kraft. Erste Erfolge stellen sich schnell ein. Er bekommt seine Verdauung unter Kontrolle, trainiert immer regelmäßiger. Ende August macht der ehemalige Schausteller seine ersten Schritte mit dem Rollator.

„Komische Gefühle" bekomme er, so sein Ausdruck für die wiederkehrende Sensibilität in den Beinen. 60 Meter tragen sie ihn anfangs. Und wahrscheinlich wäre es noch mehr, wenn er sein Training von drei Tagen in der Woche noch steigern würde. Er arbeitet dran, und wir arbeiten weiter. Heinz Jürgen L. hat alles verkauft. Aber er hatte ohnehin nicht vor, wieder Schausteller zu werden, er hat im Januar 2011 auf Technischer Zeichner umgelernt. Als Nächstes will er sich zum Arbeiten ein Stehpult kaufen.

Eine andere, weniger schöne Geschichte

Ich ärgere mich schnell, manchmal übertrieben, oft zu Recht. Wenn ich sehe, dass etwas falsch ist oder läuft, kann ich kaum die Klappe halten. Dann bin ich schonungslos direkt. Es gibt aber auch Fälle, da bin ich nicht mal mehr das, zum Beispiel bei dummen Menschen, die ihre Situation ausnutzen, um noch Dümmeres zu erreichen.

Ich erinnere mich gut an einen Mail-Verkehr, der sich über Tage hinzog. Der Mann im Rollstuhl ist partout nicht zu bewegen, mit mir über Facebook Kontakt aufzunehmen. Ich sage extra „Mann im Rollstuhl". Gleich wissen Sie, warum. Nachdem er über Tage mit mir diskutiert hat, dass er meine Ideen blöde findet und eigentlich auch gar nicht an Hilfe interessiert ist, da kommt die wirkliche Frage nach „der Henne und dem Ei". Um konkreter zu werden: Er will von mir wissen, wie das mit den Frauen so klappt. Ich teile ihm kurz mit, ich sei sehr zufrieden. Dann schreibt er ungefragt zurück: Er auch. Er habe nämlich festgestellt, dass einige Frauen mit Helfersyndrom gerade auf Rollifahrer stehen. Aufreißen mit dem Rollstuhl, das habe ich so noch nie und schon gar nicht in der Deutlichkeit beschrieben bekommen. Stellen Sie sich vor: Da checkt einer mit Augenzwinkern eine Olle ab, die ihre Befriedigung aus einem Fetisch mit Rädern zieht. Das ist mal echt krass. Dann fragt mich der Mann sogar noch, ob ich mir vorstellen könnte, dass ihn SternTV für eine Reportage begleitet.

Er wolle mit dem Rolli von Schleswig-Holstein nach Bayern ein Mal quer durch Deutschland rollen. Ich erwidere, dass ich mir das überhaupt nicht vorstellen könne, weil ich im Gegenteil ja zeigen wolle, wie man aus dem Teil wieder rauskomme. Das sei schade, sagte er, er sei nämlich total überzeugter Rollstuhlfahrer, auch wenn er schon längst wieder gehen könne …

Damit sollen andere Betroffene in keiner Weise desavouiert und mit so einem „Mann im Rollstuhl“ auf eine Stufe gestellt werden. Aber wenn dieser empörende Fall nur einen mehr motivieren kann, wieder auf die Beine zu kommen, dann hat die Schilderung des oben beschriebenen „Opfers“ ihr Ziel erreicht.

Noch viel, viel mehr schöne Geschichten

Ich bin so glücklich, dass ich dieses Buch fertig geschrieben habe. Gerade zum Ende hin hat mir die Arbeit daran den meisten Spaß gemacht. Sie können sich vielleicht vorstellen, wie ich mich in den Monaten vorher selbst unter Druck gesetzt habe. Zum einen kenne ich ja meine bereits ausführlich beschriebene Auf-den-letzten-Drücker-Mentalität, zum anderen musste der Rest meines Lebens immer parallel weiterlaufen und ich weiterhin zu 100 Prozent als Journalist arbeiten. Ich würde ferner für nichts auf der Welt meine Kinder vernachlässigen. Und ich werde immer hart am Training dran bleiben müssen. Mit Rückenschmerzen Bücher zu schreiben, das ist unmöglich.

Jetzt ist es endlich geschafft! Zu sagen: „Ich schreibe ein Buch", das können viele. Es dann wirklich zu schreiben, war am Anfang schwer, vor allem, auch noch einen guten Verlag zu finden. Manchmal wusste ich nicht, wo mir der Kopf stand, wie ich anfangen, und wo das alles enden sollte. Jetzt weiß ich es. Am Ende ist vieles fast automatisch gekommen. Manches ist mir in den Schoß gefallen, war vielleicht pures Glück. Aber wenn, dann war es das Glück des Tüchtigen.

Nehmen auch Sie dieses Glück in die Hand. Das Buch dazu haben Sie ja jetzt. Wie dann letztendlich das Glück kommt, das bestimmen Sie ganz allein. Aber bitte, bitte, wenn Sie es nicht schon längst getan haben, bestimmen

Sie! Machen Sie! Seien Sie ehrlich zu sich selbst! Und wenn Ihnen das schwer fällt, suchen Sie sich Experten, die alles neutraler einschätzen können. Sie können gerne auch mich fragen, eventuell sogar mein Seminar besuchen – was auch immer. Denn sich nur mit einer schweren Krankheit abzufinden, sich zu isolieren, das Falsche oder gar nichts zu tun, das kann Sie unter Umständen schneller ins Grab bringen, als Ihnen lieb ist.

Ich selbst habe durch diesen Weg endlich zu mir gefunden. Ich habe viel gelernt. Ich habe auch erfahren müssen, warum Kranke viel zu oft gar nicht gesund werden können. Ich weiß heute, dass eine Querschnittlähmung in vielen Fällen, irgendwann bestimmt auch ganz, zu überwinden ist. Und ich weiß:

Das Glück ist ein kleiner Moment. Es erscheint auf leisen Pfoten. Fühlen kann es nur, wer innehält. Dann kommt der Rest ganz von alleine.

Impressum

Danksagung: Ich danke allen, die mir so sehr mit ihrem Herzen, ihrer Seele und ihrem Verstand auf die Beine geholfen haben.

Hinweis
Die Ratschläge und Informationen in diesem Buch sind von Autor und Verlag sorgfältig erwogen und geprüft, dennoch kann keine Garantie übernommen werden. Eine Haftung des Autors bzw. des Verlages und seiner Beauftragten für Personen-, Sach- und Vermögensschäden ist ausgeschlossen.

Projektleitung: Dr. Harald Kämmerer und Isabella Kortz
Redaktion: Isabella Kortz
Satz & Layout: Lore Wildpanner, München
Umschlaggestaltung: YMCK, München unter Verwendung eines Motivs von Christian M. Weiß, www.weisschristian.com
Autorenbilder hintere Klappe und Umschlagrückseite:
Jan Kappen, www.fresh-photography.de
Druck und Bindung: GGP Media GmbH, Pößneck
Printed in Germany

ISBN 978-3-517-08773-3
9817 2635 4453 6271

FSC
www.fsc.org
MIX
Papier aus verantwortungsvollen Quellen
FSC® C014496

Verlagsgruppe Random House FSC-DEU-0100
Das FSC®-zertifizierte Papier *Munken Premium Cream* für dieses Buch liefert Arctic Paper Munkedals AB, Schweden.